公務員こそ
資産を築け！

株式会社 堅実不動産 代表取締役 船生裕也

目次

1

「はじめに」

公務員は安定、でもお金持ちになれない、大きな資産を築くなんてもってのほか、なんて思っていませんか?

冒頭ですが簡単に私の自己紹介をさせてください。

名前が船生裕也(フニュウヒロヤ)と言います。現在36歳を迎え、年代でいうとアラフォーに突入したところです。

名字が少し変わっておりまして、船生(フニュウ)と言います。

これだけ聞くと、海岸沿いの出身と思われる方も多いのではないかと思いますが、残念ながら山間部の陸地出身で海から車で30分以上距離のある場所が実家です……。

さてそんな私は福島県出身で大学時代から東京へ上京し、無事に大学デビューを果たす典型的な田舎出身の学生でした。

小学校の頃は全く泳ぐことができずに、体育のプールの授業が嫌すぎて、仮病を使って、体育をサボるような一見すると不真面目な少年でした。

ただ小学校3年生の頃に初めてクラスメイトの女の子に恋をして、その子にいいところを見せるために、スイミングスクールへ通い、泳げないことを克服しました。またカッコいい要素を増やしたい不純な目的でサッカーも習い始めて、結果的に高校3年生までサッカー漬けの毎日を送りました。（※初恋の相手には結果的に中学時代に告白してフラれたことはここだけの話です）

その後大学へ入学し、ぼんやりと学生時代を過ごす中で、特にやりたいこともなかったため、公務員至上主義である両親の影響で、公務員を目指すことを大学3年生の春に決めて、そこから大学と公務員予備校のWスクールで通学しつつ、1年弱公務員勉強をやり遂げて、無事に公務員試験に合格し、就職をしました。

実は大学時代、法学部だったものの勉強の出来が悪い私は、大学2年生までに単位の取得が全然進んでおらず、3年生になってフル単位の取得が至上命題になっていいたため、大学生の時代の中でも1番勉強をしていた記憶があります。

その甲斐もあり、留年をすることなく無事に大学も卒業を迎えることができました。

ただ公務員＝安定で平凡な生活のイメージがとても強く、同じ職場の先輩方の家庭話などを聞いていても、お金持ちになるイメージは到底付かない職業のイメージでした。

具体的に職場の先輩や同僚から聞いた話では、

・子どもの教育費と自宅の住宅ローンで毎月のお小遣いが3万円。
・生活費で手一杯で、海外旅行は数年に1回行けたら良い方。
・外食は月に2、3回程度。しかも行ってもチェーン系のレストランや居酒屋で安く済ませるなど、毎月の生活に手一杯な方が多く、決して余裕ある生活を送れる未来が見えづらく感じてしまいました。

就職する前は公務員になれば安定して豊かな生活ができると思っていた理想が、就職して数ヶ月後にはこれでは難しいと知るまでにはそう時間はかかりませんでした。

自分の中では大学に通いながらも、公務員予備校の費用として150万円ほどアルバイトで稼いだお金から自腹で出していたので、その投資を回収するのに時間がかかってしまうと思ったことも公務員を辞めようと思ったきっかけの1つでもあります。

また新卒で公務員になり、月給で手取り約20万円弱の給与だったため、生活費で約18万円使うと、毎月貯蓄できる金額は2~3万円が良いところでした。

これでもかなり娯楽費や生活費を切り詰めての生活だったので、全然贅沢をしていなかったなと今でも思い出すと感慨深いものがありますね（笑）

そう考えると、賞与で仮に20万円貯金できたとしても、年間で換算して

・給与貯金36万円（3万円×12ヶ月）×賞与40万円（20万円×年2回）＝76万円あたりが

新卒時の貯蓄額の目線です。

これだと、仮に年功序列の形式で給与が右肩上がりで上がってくと考えても、手元資産を効率的に増やす上で限界を感じてしまいました。

そんな時、現在も公務員として働いている方に考えていただきたいのが、資産活用の方法が「**退職金の有効活用**」です。

公務員の職種や職位によって多少退職金の大小に違いはあれど、日本では平均して公務員として退職時もらえる退職金の金額が**2000～2500万円**ほどと言われています。

この資金を有効活用して、資産を増やすことができれば、公務員として平均的な生活水

準の生活から抜け出して、あなたも富裕層の仲間入りすることができる可能性が劇的に広がるのです。

また退職金については定年を迎える前であっても、現時点で退職した場合の退職金を時価ベースで算出することができれば、金融機関が融資の際に手元流動資産として見てくれます。

必ずしも実際に退職をして、それを現金化しないと金融資産として見なされるわけではないのでチャンスが広がるのです。だからこそこの貴重な退職金のカードを使わずに退職まで何も考えずに受動的に貯めておくのはもったいないです。

退職金はご自身が今まで会社に対して労働力を提供してきた対価として、企業側がプールしてくれる積立年金のようなものです。これはあなたの努力と貢献で掴み取った権利ですので、上手に活用しない手はないですよね！

そのためご自身のみならず、息子さん、娘さんやその先のお孫さんにお金を残す観点で**退職金の有効な活用法を事前に知っておき、またそれを実践できることが非常に重要になります。**

今回の書籍では特にその方法について重点的にまとめていきますので、ぜひ内容をお読みいただき、実践をして不動産投資の購入に結びつけていきましょう ね！

また退職金をもらうのは何十年も先だからと思っている、20－30代の公務員の方にも本書を読んで将来的な資産防衛の観点で知識を入れておいて欲しいと思っています。

なぜなら、実際に退職金活用を検討する40代以降になっても、資産の活用法を知らないでいると、効果的な資産運用ができずに、生涯を通してお金に苦労する人生になる可能性が上がるためです。

せっかく学生時代に学業を頑張って、手に入れた今の属性も活用しきらないと非常にもったいないからです。

またご自身が若い時期から家庭の将来的な資産運用に関して知識があることで、自分の子孫に対してお金に苦労をかけずに済むことができる点が何よりのメリットになります。

ご家族を含めた、一族で資産を効率的に拡大していくためにも、あなた自身が本書をきっかけに将来的な資産運用を熟知されて、日常の行動に移していくことで見に見える形で資産が増えていくのです。

闇雲に人生を生きていくことを回避して、**お金と時間に困らず、自由な人生を謳歌するためにも本書で退職金の有効な活用法**を学んで、自分だけでなく親御さんや親族の資産防衛に役立ててもらえたら大変幸いです。

知識はお金を増やすだけでなく、減らさないためにも役立てることができます。実は稼ぐ（＝攻撃）以上に減らさない（＝守備）が資産運用の場面では重要だったりします。

それは世の中、各会社が非常に優秀なマーケターを使って、いかに消費者が家計のお金を使うように心理的に仕掛けを作るかに注力しているため、その狙いを知った上で消費活動することができなければ、もれなく企業側の餌食になるからです。

逆に言えば、お金に関する知識を本書も含め、マネー関連の書籍から得ることができれば、それら企業側のトラップをうまく回避して、効率的かつ最短最速での資産構築が可能になるため、特に若い時期こそ先行投資でガンガン知識と情報に投資をすべきなのです。

みんなはいくら貯めている？

あなたは日本人世帯の平均貯蓄額を知っていますか？

総務省統計局の「家計調査」によると、２０２０年の日本の世帯平均の貯蓄額は、１世帯あたり**約１１７９万円**となっています。

この数字に関しては「平均値」と「中央値」によっても違いが生まれるため、統計学上は注意が必要ですが、本書ではそれを伝えるのが真の目的ではないので以下にて簡単に注釈をつけておきます。

平均値とは、データの合計をデータの個数で割って得られる値　中央値とは、データを大きさの順に並べ替えたとき、ちょうど順番が真ん中になる値です。
気になる方は、統計学の書籍にて「平均値」と「中央値」の概念をそれぞれ確かめてみてくださいね！

さて国内の平均貯蓄額の話題に話を戻します。

世帯人数や年代によって数字に若干のバラつきはあるものの、1000万円弱が日本の1世帯あたりの水準です。

ただ一般的な富裕層の概念で言えば、日本では図のように純金融資産1億円以上保有者が該当すると言われており、世間一般でいうお金持ちを目指すならまずはここの水準に入れるくらいの資産を築くことが求められます。

※ここ1年の間の急速な円安の影響で、この資産の基準額も今後金額が上がる可能性がありそうです。

公務員の場合、夫婦共働きで65歳の定年まで勤め上げれば、理論上毎年300万円貯蓄したとして、**300万円×貯蓄期間30年＝9000万円。**

そこに退職金として1人あたり2500万円が入ると、

預貯金9000万円＋退職金5000（1人あたり2500万円×2人）＝1・4億円

となります。

ただこれを達成するには、時間が数十年スパンとかなりかかるため、いかに最短で公務員を勤めながら、富裕層入りできるくらいの純金融資産を作れるかが鍵になります。

そこで特に**40代以降の公務員の方に着目して欲しいのが、現在まで積み上げてきた退職金の活用**なのです。

あなたに必要な資産はいくら？　自分のため？　子どもため？

さて、ここで1つ質問をさせてください。

あなたは現在の家族構成を踏まえた上で、どのくらいの現金資産があれば、現在の生活水準に満足できるレベルと言えますか？

３０００万円、１億円、３億円など色んな答えが返ってきそうですが、ここで１つ言えるのは、家族構成や年齢、また目指したいライフスタイルによってこの回答は正解が異なるということです。

それは仮にあなたにお子さんがいれば、そのお子さんの将来の可能性を広げるための投資には潤沢にお金を使いたいでしょうし、逆に単身の方で物欲や承認欲求が強く無い方であれば、そこまで豊富にお金持ち合わせていなくても、十分に豊かな暮らしができるからです。

あなたの目指したいライフスタイルによって、必要な資金額が違うことをこの章では覚えていてもらえたらと思います。

ちなみに私の場合で言えば、私は特に物欲がそれほど強くないため、家族が十分に豊かな生活ができる水準（目安で言えば生活費50万円＋毎年海外旅行へ２回行ける）の資金をゴールとして不動産投資に励んできました。

結果として、**28歳の頃に最大で毎月の家賃収入によるCF130万円／月を達成し、その後手元流動資産1億円の現金を作ってFIREをすることができました。**

この辺りの水準はご家族がいる人は、そのパートナーと話し合いの機会を作り、自分達の理想とする生活水準をまず設定して、そこから逆算してどの程度月CFが必要になるのかを具体的に考えるのがオススメです。

やはりパートナーと将来の目標が一致している方が、家族でチームとして不動産投資活動に取り組むことができ、資産拡大のスピード感が全然変わってくるのでオススメです。

今回は分かりやすいように、お子さん連れのファミリー世帯、夫婦2人世帯および単身世帯の3パターンでそれぞれ必要な資産金額のシュミレーションをします。

以下の数字はあくまで概算値であるものの、現時点であなたの家族構成に近いものがあればぜひ参考にしてみてくださいね！

〈お子さん連れの4人世帯〉
旦那：46歳、妻44歳、子ども（長男12歳、長女10歳）
（旦那：年収850万円、妻：主婦、自己資金3000万円の場合）
お子さんがこれから中学校、高校、大学 or 専門学校と控える家庭の場合、お子様にかかる教育費関連の支出の占める割合が大きくなります。
仮に子ども2人がストレートで進学をする前提のもと、公立中学校→公立高校→国立大学の卒業まで扶養をする場合、あくまで高校&大学の授業費ベースでの算定になりますが、
〈長男〉：高校授業料（3年間）10万円＋大学授業料（4年間）400万円＝410万円
〈長女〉：高校授業料（3年間）10万円＋大学授業料（4年間）400万円＝410万円
生活費も合算すると概ね2人で1500万円ほどの生活資金が必要になります。
また奥様が専業主婦であることから、収入に占める生活費も高い状態なので、旦那様の

一馬力だけでは生活費が心許ないため、不動産収入によって生活費を補填する＆貯金額を増やせる状態が望ましいでしょう。

この家庭が不動産投資によって、生活費を考慮した余剰資金を作るには現金で2億円程度、毎月のキャッシュフローベースで150万円／月くらいの規模感を作れたら、かなり安心かと思います。

それを実現するためにどのくらいの物件規模の拡大が必要かを考えてみましょう！

この世帯の場合、直近給与年収が800万円あるため、自己資金の金額にもよりますが、一棟目はあえて大きめの1億円規模の一棟RC物件を購入して、そこから2棟目以降に5000万円以下の一棟重鉄 or 木造物件を購入して拡大していくやり方が最もおすすめです。

あえて大きめな一棟物件へいきなり行くことを勧める背景としては、

・1億円規模の物件であれば物件単体で収支が出やすい

・融資の難易度は物件の価格帯でそれほど差が生じないため
・属性的に1億円規模にチャレンジできる層は限られるため、ライバルが少なく狙い目だから

主にこの3つの理由が挙げられます。

利回りなどエリアによってバラつきありますが、月150万円のCFを得るには、

・一棟RC（売価1億円、表面利回り10%、築年数30年、フルローン）×1棟
・一棟重鉄マンション（売価5000万円、表面利回り11%、築年数25年、フルローン）×1棟
・一棟木造アパート（売価3000万円、表面利回り11%、築年数25年、フルローン）×5棟

この規模感でおおよそ、毎月のキャッシュフロー150万円は余裕で達成ができます。

借入総額で約3億円です。

この金額であれば、サラリーマン属性を有効に使うことで十分に金融機関から融資調達が可能な金額です。

そしてこの毎月のキャッシュフロー150万円の状態を作ることができれば、流動資産2億円を作るために、毎月の給与収入からの余剰金と合わせて貯蓄ができれば、5～10年スパンで貯めることも可能です。

〈夫婦2人世帯〉
旦那：38歳、妻：39歳
（旦那：年収650万円、妻：年収500万円共働き世帯）
30代のご夫婦二人共働き世帯で、かつ夫婦で収入合算をして年収1000万円を超える場合、今後退職まで共働きが続く前提で考えると、それほど多額の資産は必要のない試算になります。

それは退職まで働く＝毎月の生活資金は給与で補うことができるため、不動産投資での目標金額を抑えて取り組むことができるからです。

この世帯の場合、夫婦で収入合算することで利用可能な金融機関の選択肢も増えるため、夫婦での協力関係さえ構築できれば、かなり早い段階で資産形成が可能です。

かつ、現状の給与年収で生活に余裕があれば、不動産投資においてはそこまでリスクを負ったやり方をせずに、堅実な物件を年に1棟ずつ購入するようなやり方が向いているかもしれません。

不動産投資スタート時の自己資金額にも左右される部分はあるものの、毎年5000万円規模の一棟物件を買い続けて、10年も取り組みを続ければ、気づいた頃には、資産規模で5億円を突破しつつ、手元流動資産も1～2億円を余裕で作ることが可能な属性になります。

現状の属性が良い家庭の場合、不動産投資での目標金額も大切ですが、年収の増加とともに安易に生活水準を上げないこともかなり重要です。

せっかく不動産投資でお金を作ることができても、それに比例して支出が増えてしまっては、お金が貯まらない状況に陥り、せっかくの不動産賃貸業が円滑に進まなくなるリスクがあるからです。

そのためにも夫婦2人世帯の場合、夫婦間で家計のルールを決めて、無理のない支出管理をすることで、退職後に悠々自適な生活を送れる可能性が上がるでしょう。

それくらい稼ぐこと以上に、お金を守ることが早期のFIREには重要になるのです。

〈単身世帯〉

主：43歳

（年収700万円、自己資金2000万円）

単身の方で将来的に結婚予定の無い方であれば、その方の求めるライフスタイル次第で生活水準はいくらでもコントロールが可能です。

その場合、必要となる資産もそれほど非現実的に高くなることはないので、この3パターンの中で一番達成可能時期が早いです。

また、定年まで勤め上げるかもしくは目標資産額が貯まったらＦＩＲＥしたいかの方向性次第で必要な資産額も変わります。

仮に主が50歳でＦＩＲＥして、それ以降は不動産収入を主として生活すると考えた場合、まず50歳時点で退職する際に、退職金が推定１５００万円は出るので、１人で老後必要とされる資金５０００万円と仮定して、残り３５００万円をいかに不動産投資で作るかを考えます。

その場合、自己資金２０００万円を踏まえると、３０００万円規模の物件を毎年1件ずつ購入し、最終的に5年後に5棟保有している状態が望ましそうです。その場合、利回りにもよりますが、満室想定で毎月80万円／ＣＦをもたらしてくれる可能性が高く、その場合経費を差し引いても、年間８００万円ほど貯めることができます。それを5年続けられれば、４０００万円ほどの資産を築くことができるので、ちょうど50歳を迎える前後くらいに月キャッシュフロー80万円と自己資金3500万円を作ることができるので、現実的かつとても良い戦略かと思います。単身世帯でこれだけの毎月キャッシュフローと手元資金を作ることができれば、その時点で早期退職をして不動産賃貸業へ専念をして、残った時間は自分が本当にやりたいことに費やすのも人生単位の戦略として有効かと思います。

今、あなたはどんな「資産」を持っている？

読者のあなたは現在どんな種類の資産をお持ちでしょうか？

持ち家、別荘、国内株式、海外株式、有価証券、外貨など、あなたが現在保有している資産ベースで思い浮かべるものも多いのでは無いでしょうか？

一旦本書では以下の種類を資産として定義して、後述にて詳細な説明をしていきます。

・現預金

・株式
・投資信託
・債権
・不動産投資
・生命保険
・自動車
ｅｔｃ…


この辺りの金融資産は一般的に巷のマネー本でも取り上げられている資産になります。

ここで一度今列挙した金融資産について、一度具体的に内容をまとめます。

この説明を見て、本当にご自身が現在保有している価値のある資産なのか判断をされる指標としても活用くださいね！

・現預金

↓現預金は銀行に預けたお金でいつでも引き出すことができるお金です。利息が付くことが一般的であり、一般的な支払い手段として用いられることが多いもの。リターンは他の投資商品と比べると低めですが、資金を安全に保管したい場合や短期の資金管理に適している。

・株式

↓株式は企業の所有権を示す証券であり、企業の一部を所有することを意味する資産。リターンは配当や株価の上昇に伴うキャピタルゲインである。リスクはある程度高いものの、高いリターンも期待できる金融商品。市場の変動に敏感である。

・投資信託

↓投資信託は複数の投資家から集めた資金を、プロのファンドマネージャーが株式や債券などに投資するファンドです。投資信託は分散投資をして、リスクを分散する手法が一般的です。リターンはファンドのパフォーマンスにより違いがあり、手数料や運用方針に注意が必要になります。

・債券
↓債券は企業や政府から資金を借りた証券であり、投資家は利息を受け取ることができます。債券を購入することは、発行者に対して、資金を貸し付けることを意味しています。リターンは利息収入で、元本の返済が保証されている場合があります。債券は比較的安定した投資であり、株式よりもリスクは低いですが、リターンも低めなことが一般的です。

・不動産投資
↓不動産投資は不動産に投資をすることで、収益を得る投資です。不動産投資のリターンは、賃料収入や物価の上昇に伴うキャピタルゲインです。不動産投資は資金投入が大きく、維持管理費用や市場リスクがあるものの、安定した収益が期待できる場合が一般的です。

・生命保険

↓生命保険は被保険者が死亡した場合に死亡給付金を支払う保険です。生命保険は生命保険契約者が死亡をした場合に、経済的な支援をする目的で購入されるケースが主です。生命保険には終身保険、定期保険、医療保険など様々な種類があります。

・自動車

↓自動車は所有者にとっての利益や価値を提供します。所有者は自動車を保有することで、移動手段を確保し、自由に行動することができます。これにより、仕事や日常生活を効率的に過ごすことができる移動手段の1つです。

ここまで各投資商品について説明をしてみました。

ただ今回の書籍では、今手元にない金融商品も立派な金融資産であることをお伝えしたいと思います。今回お伝えをしたいのは、主に以下の2つの金融資産です。

・退職金
・遺産相続

この2つの金融商品について、本書では上手に活用をすることで資産拡大の場面で大いに有効活用が可能なので説明をしたいと思います。

資産を増やす上で大切なのは現在自分が持っている武器を最大限活用し、それを見せ金として金融機関からお金を調達する考え方です。

お金を若い時期に一気に稼いでいる人たちに共通しているのが外部資本を上手に活用して、それを元手に事業にレバレッジをかけて、事業を伸ばしている点です。

不動産賃貸業では特に求められるスキルなので、本書を通じて頭の片隅に置いておいてもらえたらと思います！

まず退職金と資産相続についてそれぞれ定義付けをします。

・退職金

→退職金は、労働者が企業は政府から支給される、退職後の生活を支えるための重要な金融資産です。通常は勤続年数や給与に基づいて積み立てられ、退職時に一時金や年金として支給されるものです。必ずしも定年退職時に支給されるものではなく、中途退職など自己都合で退職する場合にも掛け目が入るものの、支給を受けることができます。

・遺産相続

↓遺産相続は、故人から財産や資産を法的手続きによって引き継ぐことを指します。これは故人が遺言書を残している場合もありますが、遺言がない場合には法定相続となります。遺産相続は金融商品として位置付けられ、財産の受け取りや分配を行う際に金融機関や法律事務所が関与することが多いです。

さて、まず「退職金」についてです。

退職金と聞くと、定年退職時にまとまって受け取るものであり、現在働いている私にはまだ到底先の話ではと思っている読者の方も多いかもしれません。

ただ退職金は現在自主退職した場合に、時価ベースでどれだけ受け取る権利があるかによって現在価値ベースで金融機関から金融資産として見てもらうことができます。

そのため、その退職金を見せ金として上手に活用することで、1円でも多く自己資金を見せつつ、不動産投資の融資を引く際に活用する姿勢が大切です。

私も公務員を29歳で辞めているので、その際に100万円前後の退職金を実際に受け取った経緯があります。20代での早期退職だったため、金額としては小さいものの、辞めて以降不動産投資の見せ金として資金を活かす観点では非常に役立てることができたので、とても感謝をしています。

次に「**遺産相続**」についてです。

遺産相続も退職金同様に、上記の説明文の通り、法定相続を通じて自己で受け取ることで、それを自己資金として組み込むことができ、またそれを金融機関にアピールして、有利な融資条件で融資を引くことが可能になります。

また生前贈与も有効な手段です。

生きている間に贈与者が将来の相続人（受贈者）に財産を贈与することです。

この手法は、相続財産を贈与して、相続税を節税し、将来の相続の問題を解決するために使われることが多いやり方です。

この方法で贈与者から財産を受け取ることができれば、早い段階から資産の継承を活かすことで不動産投資の展開を有利に進めることが可能になります。

そのため親族間でこの辺りは常に話し合いの場を持つようにして、最適な遺産相続のタイミングを常に模索することを強くオススメします。

相続の最適なタイミングについては税理士に相談をして、具体的なシュミレーションパターンを複数出してもらうのが確実です。

この辺りも税理士によって遺産相続について明るい方とそうではない方で分野が分かれる傾向があるので、相続に強い税理士の情報が欲しい方はぜひ書籍無料特典である面談を活用いただき、その際に私までご質問くださいね！

自分で全ての知識を知ることには限界があります。

それよりもむしろ大切なことは、自分の周りをいかに優秀な人材で固めるかです。**自分よりも優秀な人を周りに配置して、いつでも相談できる環境を作ることで、将来的に億以上の資産を持つ資産家になれる可能性が劇的に上がります。**

特に餅は餅屋にという言葉があるように、お金の知識はお金の専門家に相談するようにしましょう。

知識と情報をお金で買いつつ、その中で繋がった優秀なビジネスパートナーは中長期的に付き合えるようにマネージメントしていきましょう。

本当に残すべき資産とは何か？

さてここまで資産について書いてきましたが、それら資産の中でもどれは手元に残すべきで、どれは手放すべきかの基準をこの章では解説します。

というのも、あなたが資産だと思っているものでも、金融機関から見た場合に、それが負債だと判断されてしまう資産もあり、そうなると貸借対照表の観点で融資が引きにくくなるため、早期に売却 or 処分することが望ましいケースがあるからです。

資産については書籍や著者によって複数の定義があるものの、ここでは以下の通り定めます。

★「資産」＝収益を生み出すもの

この定義付けは世界的にも有名な書籍でもあるロバートキヨサキ氏が著者の「金持ち父さん、貧乏父さん」の中での資産に関する定義付けと同じです。

この視点に立つと、**収益を生まない資産は負債に該当します。**

つまり負債とは収益をもたらしてくれず、手元からお金を減らしていくものを意味します。

それでは本書でもこの視点に立ちながら、先ほど列挙した「資産」について、資産ｏｒ

負債でそれぞれ分類をしたいと思います。

〈資産〉

・収益不動産
・株式
・投資信託
・債券

〈負債〉

・自宅
・生命保険
・自動車

上記の分類になります。

そのため、今後資産を活用して、手元資金を増やしていきたい人は、これら負債に該当するものをいかに処分しつつ、収益を生んでくれる資産を増やす方へシフトするかが資産を増やす鍵になります。

また別の言い方をすると、**いかに他人への顕示欲を満たす投資をしないで、真に価値のある資産にお金を遣うかが大切です。**

この観点で若い頃から投資をし続けることができれば、嫌でも富を築くことができますし、普段の買い物でも無駄遣いをしないライフスタイルを送ることができるようになります。

本当の意味で、価値がある商品やサービスに課金をするようになれれば、あなたもお金持ちへ向けた貴重な第一歩を踏み出したと言えるのではないでしょうか！

さて私のケースで言うと、私は収益を生んでくれる「資産」の中でも特に収益不動産を20代の頃から買い増しをしてきました。

そして、それら収益不動産の家賃収入及び売却益を貯め続けることで、**20代のうちに現金1億円以上の流動資産を築くことができました。**

この経験からも、やはりいかに自己資金を「負債」ではなく、「資産」を買うのに使うかが大切と言うことを学ぶことができました。

中でも不動産は「資産」として金融機関が評価しやすい傾向があるため、将来的な資産拡大の中でも有効に利用ができる点も強みとして再認識をしました。

また資産は実物のモノだけに限りません。自分の脳や身体への投資は自己投資の中でも特に大切です。

また20代から30代の特に若い時期に脳へ自己投資をすれば、それが30代以降に複利として1番利回りが高いものとなるので、特におすすめです。

さて、それでは次章から具体的に「資産のつくり方」についてまとめていきます。

ぜひこの章はあなたが今の属性を使いながらいかに資産を効率的に増やしていくかを学ぶのに大切な章になるのでしっかりと読み進めてみてください！

1　「はじめに」

part1 不動産投資の豆知識

本書の各章の巻末に、不動産投資歴11年の私が実際に不動産賃貸業を通じて経験したことから、これから不動産投資を始めようとしている人にとってプラスになる知識や情報をお伝えしたいと思います！

不動産投資は情報戦であり、得ることができた知識や情報をいかに活用するか次第で、不動産投資での資産拡大に大きな差が生じるので特に注意が必要です。

ぜひ各章の巻末に、私が実際に不動産投資に取り組んでくる中で直面した問題点から、実際にどんな流れで対処をしたかを中心に実体験ベースでの話をわかりやすくまとめました！

聞くと当たり前に感じるかもですが、意外に重要な情報なのでぜひご参考にしてみてくださいね！

それではまずは「**収益不動産の売買価格**」についてです。

不動産投資初心者の方は、一見すると収益不動産は値引きできないものと思っていませんか？

というのも、私自身が25歳で初めて不動産投資の世界に足を踏み入れた時に、それまで大きな買い物をしたことがない私にとって、商品は百貨店や服飾店で売られているような商品と同義であり、お店側が提示している金額から値下げはできないものと思っていました。

そのため不動産投資の世界に入り、書籍などを読む中で、価格交渉が可能な「**指値**」という概念を初めて知ることができました。

指値とは、何かしら現在の売買価格に対して値下げ理由を提示した上で、値下げを希望とする行為のことであり、不動産投資の世界ではそれが一般的であると書かれていました。

それまで店舗でしか商品を購入したことなかった私にとって、こちらの希望で価格を下げられる余地があるってすごいことだなと思った記憶があります。

そのため、不動産投資の世界で覚えておいてほしいことが、

「売買価格」＝「売主の売却希望価格」にすぎないということです。

これを知っていれば、物件次第では物件資料や売却の経緯などを探りつつ、値下げ理由になる事項があれば、それを根拠に指値交渉をして、値下げへ向けた交渉が可能です。

もちろん、不動産市場に物件が出まわったばかりで相場よりも割安に出る案件などは、指値などせず満額でも一気に契約をまとめてしまった方がいいケースもあるので、そこはケースバイケースであはりますが、一度、不動産投資の収益不動産は特に価格交渉ができるものと覚えておいてくださいね！

1　「はじめに」

2 「資産のつくり方」

資産形成の重要性

「資産形成」と「資産運用」には違いがあります。

「資産形成」は、将来の経済的な安定や独立を目指して、資産を積み上げていくプロセスです。

具体的には、収入を増やしたり、貯蓄を行ったり、資産を増やすための取り組みを行うことです。資産形成の目的は、将来の生活や目標のために十分な資産を持つことです。

「資産運用」とは、既に持っている資産を最適な方法で管理し、成長させることです。

資産運用は、投資家や資産所有者が資産を効果的に活用して利益を最大化することを目指します。

資産運用の目的は、様々なリスクを管理しながら資産の価値を増やすことです。

不動産投資で収益不動産を連続的に購入して、資産拡大を目指す場合には「資産形成」と「資産運用」の両軸で考えていく必要があります。

「資産形成」→「資産運用」のフェーズで基本的には動いていきますが、**特に資産形成の時期には、お金の遣い方に注意を払う必要があります。**

具体的には、

「浪費」「消費」「投資」の3つの視点でお金の使い方を考え、その中で「投資」により多くのお金を分配できるか次第で、将

	資産形成	資産運用
違い	目的／資産を0から作ること	手段／資産形成で築いた資産を増やすために行う運用方法
方法	貯金や節約などさまざま	投資信託や積立NISAなど運用

来的な資産の金額が変わってきます。
結局のところ、お金を増やすにはどれだけ最適な投資先に多くの金額を投資することができたかで、将来的なリターンは決まります。

一応参考までに日本銀行が発表しているバブル期の定期預金の金利を貼っておきます。
この時代でしたら年利で6%のリターンが余裕で狙えたので、原本が保全された上で、かつ年間6%のリターンを得られるなら定期預金もかなり賢い投資先の1つになりましたよね！

ただ今の時代では定期預金も0・0X%の世界の話なので、やはり自分で積極的に投資先を探す

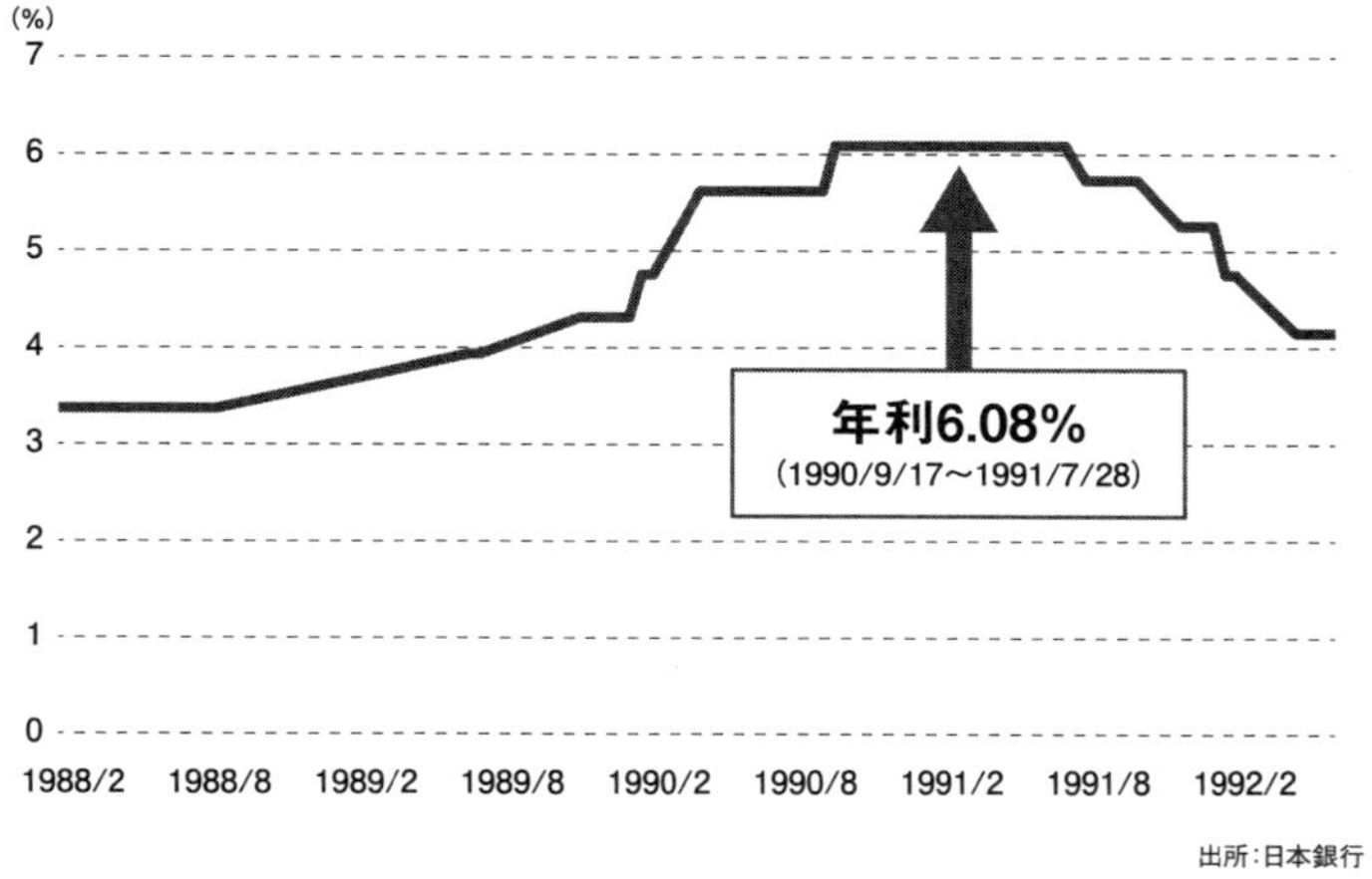

出所：日本銀行

必要が生じます。

今の時代金利だけで生活していこうと思ったら、投資資金が10億円あっても足りないとなってしまいかねません。

そう考えると、国内の金融商品で目を向けた場合、やはり不動産が最適な投資先であると個人的には思う所以です。

不動産は実物資産である点も、今の円安が加速している時代に資産が目減りしづらい点もポジティブなポイントです。

また投資に関して補足で言いたいのが、**「先行投資」の重要性**です。

皆さん、リターンが保証されてないと身銭を事前に切るのを極度に怖がって、リスクに過敏になり、結局お金を事前に使わないことで機会損失して、大きな利益を得るチャンスを逃しているケースが多く見受けられます。

これを回避するには**自分の成長に繋がりそうな投資は迷わず実行すること**です。

不動産が高い収益性をもたらしてくれる可能性があると前述しましたが、それよりも1番間違いない投資先が、自分自身への投資です。

自己投資を通じて、自分の強みや可能性を最大限に引き出し、将来的にそこから生まれた収益で自己資金を無限に増やすことが可能になります。

また不動産投資をはじめ、自分でビジネスや投資をしたい分野を見つけたら、参入する前に事前の情報収集には惜しみなくお金を使いましょう。

ビジネスでは知識と情報が市場での競争優位性をもたらしてくれ、それが利益をもたらしてくれるからです。

私の経験上、それら事業スタート前の先行投資は全て後で回収可能ですし、何より投資した金額の何倍ものリターンを将来的にもたらしてくれます。

本書に関しても書店で立ち読みするのではなく、実際にあなたが購入して書籍代を先行投資していたとすれば、不動産投資での成功可能性が劇的に上がるでしょう（笑）。

結局、人は目標となるゴールから逆算してそこに通じる部分に時間とお金をどれだけかけられたか次第で将来のリターンが決まります。

一度きりの人生、自分の可能性を信じて、投資価値の高い自分の脳みそにガンガン課金をして、人生の可能性を拡げていきましょうね！

特に不動産は金額が大きな買い物なので、先行投資することで将来得られるリターンの金額も大きく狙える点がいい歪みがあり、ビジネスとしてのメリットと言えます。

将来狙いたい金額が大きいのに、最初自分が投資するお金をケチる人がいますが、そのスタンスでは残念ながら、将来的に大きなリターンを得ることは難しいと言わざるを得ません。

それは一般的に自分が投資した金額とリターンの金額は比例関係にあるからです。

将来の資産目標が大きい人ほど、先行投資でお金と時間を投下して、未来に資産構築をするための準備期間として捉えましょうね！

資産ができたら運用する

ここまで**資産形成→資産運用の重要性**について書いてきました。

そしてこの章で特に伝えたいことは、資産を増やすには資産形成の段階である程度の自己資金を作る重要性です。

資産運用をして、手元資金を増やすには、豊富な手元資金が必要です。

目安として年間表面利回り5％を目標として考える場合、年間500万円の配当収入を得たいと考えた場合に、1億円の資金を動かせる必要があります。

しかもこの1億円はあくまで余剰資金として運用に使いたいので、これ以外に生活資金として2000～3000万円くらいは手元にあった方が安心なので、年間配当500万円を目指す場合、手元に1・3億円程度は自己資金があることが望ましいとの結論になります。

もちろん、この運用の想定利回りを10％や15％など高く狙えるのであれば、自己資金をより抑えて投資が可能ですが、一般的に想定利回りが上がる＝ハイリスク商品になるため、その辺りはご自身がどこまでであればリスクを許容できるかの基準をあらかじ決めておくことをお勧めします。

また私がお勧めする不動産投資での資産運用についても、やはり金融機関から手元資金を見せ金に融資調達をして、事業を拡大していく手法のため、まとまった手元資金を見せられるかどうかが非常に重要です。

銀行は自己資金が豊富である＝返済能力があると見てくるため、自己資金が少ない＝返済能力がない人と見られてしまうため、十分な融資条件が引けないリスクが生じるためです。

そのため、これから一棟収益不動産を購入していきたいと考える人たちは、少なくとも自己資金500万円は不動産投資のスタート段階で準備できるように下準備することを強くオススメします。

500万円の自己資金を勧める理由は、仮に3000万円の一棟収益不動産をフルローンで購入した場合に、物件の売買価格の約7~8%を諸経費として投下する必要があるため、3000万円の物件でおおよそ250万円の自己資金を使う必要があるからです。また購入後に、物件の修繕費や客付時の広告宣伝費、仲介手数料など諸々の経費を考慮すると、500万円くらいの自己資金がないと、最悪の場合手元資金が支払いに耐えられなくなるキャッシュアウトしてしまうリスクがあるからです。

不動産賃貸業を始め、その他ビジネスにおいても最も避けなければならないのは、このキャッシュアウトをして、事業資金が枯渇することで事業が立ち行かなくなることが理由での撤退です。

いかに利益が黒字であっても手元資金が枯渇して、動かせる資金がなくなればそれは事業の終了を意味します。

それをいかに回避して、事業展開できるかが事業を進める上では特に大切なので、不動産投資をスタートする際には、**目安として取り組む物件の売買価格の約20%の自己資金を貯めてからスタートをする**ようにしましょうね!

※そもそも銀行融資の評価目安として、以下2つの自己資金目安額を保有した上で、融資審査に申し込みをしている状態が望ましいです。

・売買価格に対して30％の自己資金を保有しているか

↓物件価格3000万円の場合、900万円の自己資金を保有している

・売買価格に対して20％ほど実際に投下可能な自己資金を持っているか

↓物件価格3000万円の場合、600万円の自己資金を保有している

退職金は立派な資産、これを有効活用しない手はない

あなたは「退職金はあくまで退職以降に受け取って初めて価値が出るものだと考えていませんか？」

退職金はサラリーマンとして在籍する以上、常に会社を都度退職した時点で受け取れる金融資産であり、多くの金融機関が退職金を時価ベースで自己資金として見てくれる資産

です。

そのため、40代以降の方は特に現時点でご自身が退職した場合に受け取ることのできる退職金の金額を常に把握することが大切です。

会社の就業規則を参考に、ご自身が現時点で受け取れる金額を定期的に試算して、上手に自己資金として組み込む動きを取りましょう。

公務員の方は、加入している共済組合の事務局に確認をすることで、試算をしてもらうことができ、職場にバレない形で常に退職金の時価ベースの金額を算出することが可能です。

在職中は常に自分の現時点での退職金額を把握することで融資時に1円でも多く金融機関に自己資金として見せることができるように、基盤を整えておくことが大切です。

ただ間違っても金融機関へ融資打診時の面談で、ご自身が早期退職するかもしれない可能性を示唆しないでください。

それは、銀行は公務員として定年まで勤め上げる想定であなたの属性を通常見てくるため、ここで下手に融資条件が下がる要因を自ら出す必要がないからです。

交渉では状況を有利に持っていく姿勢以上に、以下の不利な条件を出さないかを意識して、銀行の担当者に聞かれた質問に対して端的に不要な情報は伝えないように工夫してくださいね！それがあなたにとって、最高の融資条件の獲得に繋がるのです。

この辺りはこれから不動産投資を始める初心者の方にお伝えをしてもまだ分かりづらい部分かと思うので、実際に物件購入へ向けて進めていく中で慣れていくことを強くオススメします。

part2

不動産投資の豆知識

「管理人の役割を担う優良入居者を各物件に確保しよう」です。

というのが、一棟物件を保有すると多くの方が、現地の近くで不動産管理会社を利用することになるかと思います。

ただ不動産管理会社と一口に言っても、常に物件を見てくれるわけではなく、お客様の内見時の案内やトラブル発生時に物件へ行くことがメインであり、あと他の依頼をする際にはあくまで管理料＋αのオプション代として請求されて、その対価として物件へ行ってもらえる形になります。

ただ、そうすると実際に物件の共用部やごみ収集場所などが荒れてしまっていたり、また敷地内の草が生い茂って、景観を損なってしまっているケースなどもあるため、そういう部分は随時現地でチェックをしないと分からない部分だったりします。

それを現在入居している入居者に代わりに見てもらうことができれば、かなりラクになると思いませんか？

そこで私の経験上とてもオススメの方法が、「**入居者の中に管理人ポジションとなる人物を作ること**」です。

というのも、現在入居している入居者であれば毎日そこで生活を送っていることから、建物全体に関して知っている部分が多く、また生活する中で不便を感じる場面があれば、それにすぐに気づいて対応ができる存在です。

なので、購入後に一度現地確認へ行かれる際に、直接入居者と会う機会を意図的に作り、信頼に足りる人物を探してしまうのがオススメです。

個人的にオススメな入居者の特徴が、
・最低でも一度更新契約を結んでいる長期入居者である

・クレームなど管理会社に対して今まで特段ないこと
・今まで家賃の滞納歴がない
・直接話してみて、違和感がない
・部屋を綺麗に使っている（玄関、ベランダなどを参考に）
・今の職場に勤めて長い

上記6つの条件に当てはまる入居者がおすすめです。

私自身、この特徴に合致する人に過去に複数の物件でお世話になっており、実際に現地で何か気になる部分があれば都度連絡してもらえますかと打診したところ、快く応じてくれ、結果的に以下のような作業で実際にお世話になることができました。

・共用部の照明の取り替え
・敷地内の草刈り

・敷地内の不法投棄ゴミ処理
・共用通路部分の残置物撤去
・空室の残置物撤去の立ち会い
・大型荷物の搬入時の立ち会い
・迷惑な入居者（騒音、ゴミ出し日を守らない、共用部の使い方がルーズなど）を管理会社へ通報してくれる

など、数えるとキリがないくらい、入居者が大家に代わって業務を担ってもらった経験があります。

これらの業務に実際に大家自身が立ち会って対応しようとすると、サラリーマンで本業がある人などは仕事が終わった平日夜間帯や、週末のオフの時間を投下する必要があり、工数的にも結構なストレスになりかねません。

その点、入居者に管理人的役割をこなしてもらえるように仕組みを構築できれば、賃貸

業をストレスなく、運営することができるのがとてもオススメです。

また、もちろんこれらを無償でやってもらうわけではなく、例えば以下の特典を代わりに与えて、お礼をしていました。

・翌月家賃の割引 or 家賃カット
・実費代とアルバイト代をお礼に渡す
・次回賃貸借契約更新料のカット
・更新契約時の火災保険料、保証会社負担金をオーナー負担
・電化製品のプレゼント
・金券、図書カードのプレゼント

など、様々な形で対応してくれたことへのお礼をしていました。
入居者からは善意で対応したことが形となってお礼をされて嬉しいと言われ、また長期

入居をしてもらう観点でも普段からこういった形で接点を持っていると、大家の顔が直接見られることが安心感に繋がり、退去されないメリットも受けられると思いました！

なので、私の経験から言えば、一棟物件ごとに管理人となるような入居者を見つけることで、**管理会社では行き届かない業務を担ってもらって、管理会社＋αの体制構築をして、賃貸経営を行うことで、自身が新規物件の取得へ注力することがオススメです。**

ぜひ参考にしてみてくださいね！

3 「不動産投資という理想の資産運用」

不動産投資にまつわる負のイメージ

不動産投資と聞くと、読者のみなさんはどんなイメージをお持ちでしょうか？

既に不動産投資に取り組んでいる人は、プラスのイメージの人が多いかもしれませんが、まだ不動産投資の経験をしたことがない人からすると、どこか怖い、マイナスなイメージが付きまとう方も多いのではないでしょうか。

ただ実際に不動産投資歴11年以上の私が思うのは、「リスクが怖い＝知らないから」が強いのではないかという考え方です。

知らないがゆえに、それを怖いという抽象的な表現に逃げているとも捉えられるかと思うので、ここで不動産投資に関係するマイナスなイメージに関して、思いつくものをまとめて書いてみたいと思います。

また各マイナス面に対して、個人的に思う反論もまとめてみます。

不動産投資に限らずですが、何か新しいことを始める際にはその分野に関しての、メリット&デメリットを箇条書きでいいので書き出してみて、メリットがデメリットを上回る場合には取り組み、そうでなければ撤退すればいい話だと思っています。

それでは不動産投資に関しての一般的に言われる、デメリットについて以下まとめてみました！

ぜひ私の個人的な見解も参考にいただき、ご自身も何か新しい事業にチャレンジする際には両方の側面から物事を考える癖づけをしましょうね！

■購入した物件の入居者が決まらない

↓確かに、収益不動産として購入をした物件が購入後しっかりと満室稼働させることができるかは不安の1つです。

購入時は満室だったものの、実際に購入して賃貸運営する中で退去が連続的に発生し、それに伴い新規募集をかけるも、以前の賃料では決まらずに、値引きが必要になってしまうなど。

ただこのリスクに関しては、購入前に物件周辺の不動産客付業者へ徹底的にヒアリングをすることでリスク回避することが可能です。

具体的には、物件周辺の不動産客付業者最低3社に対して、賃貸需要及び想定賃料のヒアリングをすることが有効です。

異なる不動産業者3社へヒアリングができれば、より客観的な数字感と賃貸需要を割り出すことができるからです。またできる限り、賃貸部門の上席と話ができるとより、見えてくる情報が核心につながるので、おすすめです。

この作業を面倒臭がらずに、取り組むことで購入前に賃貸付が不透明な物件を弾くことが可能になり、購入後の賃貸需要見込みとの乖離をなくすことができ、賃貸経営のリスクを減らすことができます。

賃貸経営での1番のリスクは購入した物件の空室が続き、賃貸が決まらないことです。それを回避するためにも購入前の事前の賃貸需要ヒアリングを必ず実践しましょうね！

またそのヒアリングする中で回答が明確で頼れる担当者を見つけることができれば、新規の管理委託先として依頼することはとても有効なので、この作業は物件を購入するたびに取り組みましょう！

私自身、この購入前のヒアリングでかなり信頼のおける業者と判断して、決済後に速やかに既存の管理会社から新規の管理会社へ委託契約を切り替えて、３ヶ月ほどで空室3室を埋めて、一気に満室経営へ持って行ったことがあり印象深いです。やはりインターネットで得られる情報以上に、現地に実際に足を運び得られる鮮度の高い情報には1番価値があると言えるでしょう。

■不動産業者の言いなりで買ってしまったら、物件を高値掴みさせられてしまうのではないか

↓この心配は25歳の頃、不動産投資をスタートさせた時期の私も同じ考え方を持っていたので非常に気持ちがわかります。

不動産業者の営業マンは営業トークで基本的に物件の良い部分しか言わないため、買った後に潜在的なマイナス部分が出てきて、想定していた賃貸経営と狂いが生じるようなケースです。このリスクに対しても、回避する方法があります。

それは不動産営業マンに対して、「その物件のメリット&デメリットの両方を聞くこと」です。

両方を聞くことで、メリットがデメリットを上回る物件を買えば、想定外な物件の購入を防ぐことができます。

また営業マンもしっかりとデメリットを伝えてくれる姿勢がある人は信頼に足りると判断ができ、騙される可能性も低くなります。

またもう1つ営業マンを判断する際の視点として、その営業マンがその物件の購入だけのストーリーかもしくは購入後の将来的なストーリーを持っているかです。

将来的なストーリーも持ち合わせている営業マンであれば、その物件を買った後の連続的な購入にまで目を向けてくれているので、単体の物件を騙して買わせて関係性を終了とはならないため、信頼性が上がります。ぜひこの2つのポイントを覚えておいて、営業マンと対峙する際には有効な質問として投げかけてみてください。

■自然災害リスクが怖くて物件を購入できない

↓日本は自然災害大国なので、収益不動産の賃貸運営を行う上で、自然災害は切っても切れない関係と言えます。

ただそんな自然災害も、火災保険と地震保険の2つの保険に加入することで最大限リスクヘッジが可能です。

万が一、自然災害が理由で建物が全壊して建て替え時の費用が捻出できないと危惧している人などには、火災保険の建物部分掛け金を目一杯かけることで不安を解消することができます。

ただもちろん保険だけでは補償が及ばない部分もあります。

こればかりは100%リスクをなくすことは非現実的かつ、難しいため、あくまで保険適用がされる部分でリスクをヘッジできれば御の字と言えるではないでしょうか。

また保険商品はどこまで補償対象とするか次第で保険料も大きく変わるため、リスクに敏感な方は多少保険金額が割高になっても、補償対象や補償金額を広げて、リスクヘッジされるのがいいかと。

せっかく精神的幸福を目指して不動産投資をスタートしたのに、これら自然災害のリスクに過敏になり、将来の危機発生を危惧してストレスを抱えてしまっては本末転倒なので、自分でコントロールが効かない領域は割り切って課金して、お金で不安をなくすのも1つの戦略として賢いかと。

■相場よりも割安な物件か自信がなく、それが理由で購入に対して前向きになれない

過去に出版した2冊の中でも再三に渡って重要性を伝えていますが、不動産投資では市場相場よりも割安に物件を買うことが何よりも重要です。

そして、そもそもエリア毎の相場を知らないままに物件を購入してしまうと、バランスシートの信用棄損にも繋がり、その後の追加融資が受けにくくなる弊害があるため注意が必要です。

それを回避するには、自分の土地勘のあるエリアを予め、2~3カ所選び、そこでの毎日の新着物件を定点的に見ることで相場観を把握することが大切です。

最低3週間くらい定点チェックができれば、経験上エリアの相場観をある程度知ることができるようになります。

それを知った上で、必ず物件の購入は進めることをオススメします。

相場を知らない状態で、不動産市場に参加してしまっては周囲のライバルや業者からすれば、格好のカモと見られてしまっても仕方ありません。

相手に主導権を握られる不動産投資ではなく、こちら側で手綱を握って、投資できる状況が最も望ましいので、それを目指していきましょうね！

不動産投資の鉄則はいかに相場よりも割安に仕入れるかに尽きます。

逆に言えば、相場よりも割安にさえ仕入れることができれば、8割方の失敗はなくなると思っても大袈裟ではないです。

ぜひ本書ではこのエリア相場よりも割安に仕入れることの重要性を1番覚えておいてもらい、最適な不動産投資でのスタートを切ってもらいたいと思います！

■購入後に物件の大規模修繕に伴う資金繰りのリスク

一棟収益不動産の場合、外壁塗装、屋根工事、共用部工事、空室の原状回復など、購入時の費用とは別に費用が発生するケースが結構あります。

そのため、購入費用とは別に、修繕費用としてまとまった資金を予め持ち合わせていないと、いざ修繕が必要になった時に資金ショートするリスクがあります。

そのため、契約前の内見時にできれば工務店ｏｒリフォーム業者の同行を手配して修繕見積もりを取ることを強く勧めます。

専門家に事前に購入物件を見てもらうことで、購入後に発生する大きな出費に関してあらかじめ把握した上で物件購入することが可能になります。

ただ実際に物件購入が確定していない中で、現地立会い同行してくれる工務店は結構貴重なので、最初の頃は知り合いの大家さんや知り合い経由で紹介してもらった業者に依頼するのがおすすめです。

不動産投資初心者の方がいきなり現地を見ても、果たしてどれだけ修繕費用がかかるかの想定を出すのは至難の業です。

それであれば多少費用を払ってでも、現地を事前に専門家に見てもらって具体的な金額ベースで修繕費用を見積もってもらえれば、その分購入後の不安が一掃されるかと思うので、ぜひ実践してみてくださいね！

以上

私が考える不動産投資で一般的にマイナス面として論じられる内容についてまとめてみました。

もちろん私の個人的見解が全て正解ではありませんが、この考え方に納得いただき、不動産投資はプレーヤー側の取り組み方次第でデメリット部分のコントロールも可能だと知って欲しいです。その上で「取り組む価値があると思えば、始めてみるとの考え方がいいかと！」

この辺りはやはり実際に物件を運営して見えてくる部分も大きいので、始める前から不安に駆られて行動を止めてしまうのではなく、小さく始めて、どんどんリスクを大きくしていくやり方で解決が可能です。

不動産投資で投資するのはお金だけではない

不動産投資と聞くと、資金が潤沢な人がそれを見せ金に金融機関から有利な条件で融資を引いて、収益不動産を買うイメージってありませんか?

私も実際に自分が不動産投資をするまでは、不動産投資=お金持ちがやる投資というイメージが強く、余裕資金がある人が対象の事業だと思っていました。

そのため最初の頃、意図的に不動産投資は数ある投資の中から除外をして考えており、投資信託やFX、株式投資といった一般的に資産運用の中で初心者でも参入障壁の低い投資からスタートを切っていました。

ただ実際に私が26歳で初めて物件を購入して、不動産投資をスタートさせて以降、この考え方は180度変わりました。

不動産投資は必ずしも、お金持ちがやる事業ではなく、一般庶民でもやり方次第で参入し、十分に勝機のある市場でした。ただ同時に投資するのはお金だけではないことも学びました。

ズバリ、不動産投資では実際に着手する前の「知識や情報への先行投資」が非常に重要です。それをケチったばかりに、

・相場よりも割高に物件を買ってしまう
・収支が出ない物件を買ってしまう
・賃貸需要がない物件を買ってしまう

この3つの条件に当てはまる収益不動産を買ってしまうことにより次の手が繰り出せない状態になってしまうことが不動産賃貸業では大きなリスクです。

それを回避させてくれるのが、前述した「知識や情報への先行投資」です。

また時間への投資も不動産投資を成功させるためにはとても重要です。

よく成功哲学の書籍で書かれている内容ですが、ある分野で一流を目指すためには、最低でも1万時間をその分野を極めるために費やす必要があると言われます。

あくまで1万時間は目安の時間とはいえ、一流と言われて成果を出している人達は共通して、圧倒的な量をこなしている点は注目に値するのではないでしょうか。

投資＝お金だけでなく、誰しも平等に与えられている時間をしっかりと投資して、事業開始前に学ぶ習慣を身につけることが大切です。まさに知識と情報への先行投資をどれだけ事業開始前にかけることができたかで、事業の成功規模と速度が大きく変わります。

過去に出版した2冊にも記しましたが、私は25歳で不動産投資をスタートするまでに書籍やセミナー代、コンサル代で累計２００万円以上は不動産投資に費やしました。ただ今思えばその先行投資があったからこそ、今の境遇を作ることができたと自負しています。

不動産投資で築ける資産

さてここまでお読みいただき、不動産投資に興味を持ち、ぜひこれから実際に取り組んでみたいという人も多いのではないでしょうか？

この章では具体的に皆さんが不動産投資を始める際に、それぞれどのくらいの資産規模を目指すと理想とするライフスタイルの実現が可能になるかの視点でお伝えをしたいと思います。

というのも、あなたがいつまでにどのくらいの資産規模を目指したいか次第で、取り組むべき不動産投資戦略が異なるからです。

10年以内の短期間で一気に資産拡大したいという方は、ある程度攻めの不動産投資戦略が必要になりますし。逆に10年以上の中長期的なスパンでの緩やかな資産拡大をしたいという方は、それほど攻めずに堅実な投資法で拡大を目指すやり方が合っているからです。

また短期間で拡大したい方は、属性によりますが、リスクを負って取り組む必要が生じるので、そのリスクをご自身がどこまで許容できるかも重要になってきます。

単身の場合は特に家族の同意など不要ですが、仮に奥様やお子様がいる場合には家族の協力もとても重要な要素になります。

銀行から融資を引いて購入していく前提で考えると、万が一の際に保有不動産の法廷相続人となる配偶者の法的な立場が強いことが理由です。

せっかく不動産投資をスタートしようと思っても、最終的に配偶者の連帯保証が融資条件で付けられた場合に、それを配偶者が同意してくれなかったことを理由に融資審査を通すことができずに購入が頓挫することも結構あるからです。

この辺りは不動産投資を始めようと決めたら、まず1番最初の段階で家族間の協力体制が間違いなく築けるかを確認してから、動き出しましょうね！

そこの基盤がない状態で安易に不動産投資のスタートを切ると、途中で仲間だと思っていた家族がまさかのストッパーになるリスクがありますので、しっかりと取り組む前に同意をもらって、夫婦二人三脚で取り組むようにしましょう。

不動産投資の有用性について

日本国内の不動産は子供へ相続で遺す観点で考えてもかなり有効な投資先といえます。

それは税制的に収益不動産として財産を残した方が、現金で財産分与する場合と比べて、相続税を大幅に圧縮できるからです。

以下の図では、生前贈与を活用して、相続税を圧縮する方法について図式化したものです。

賃貸物件の生前贈与の仕組み

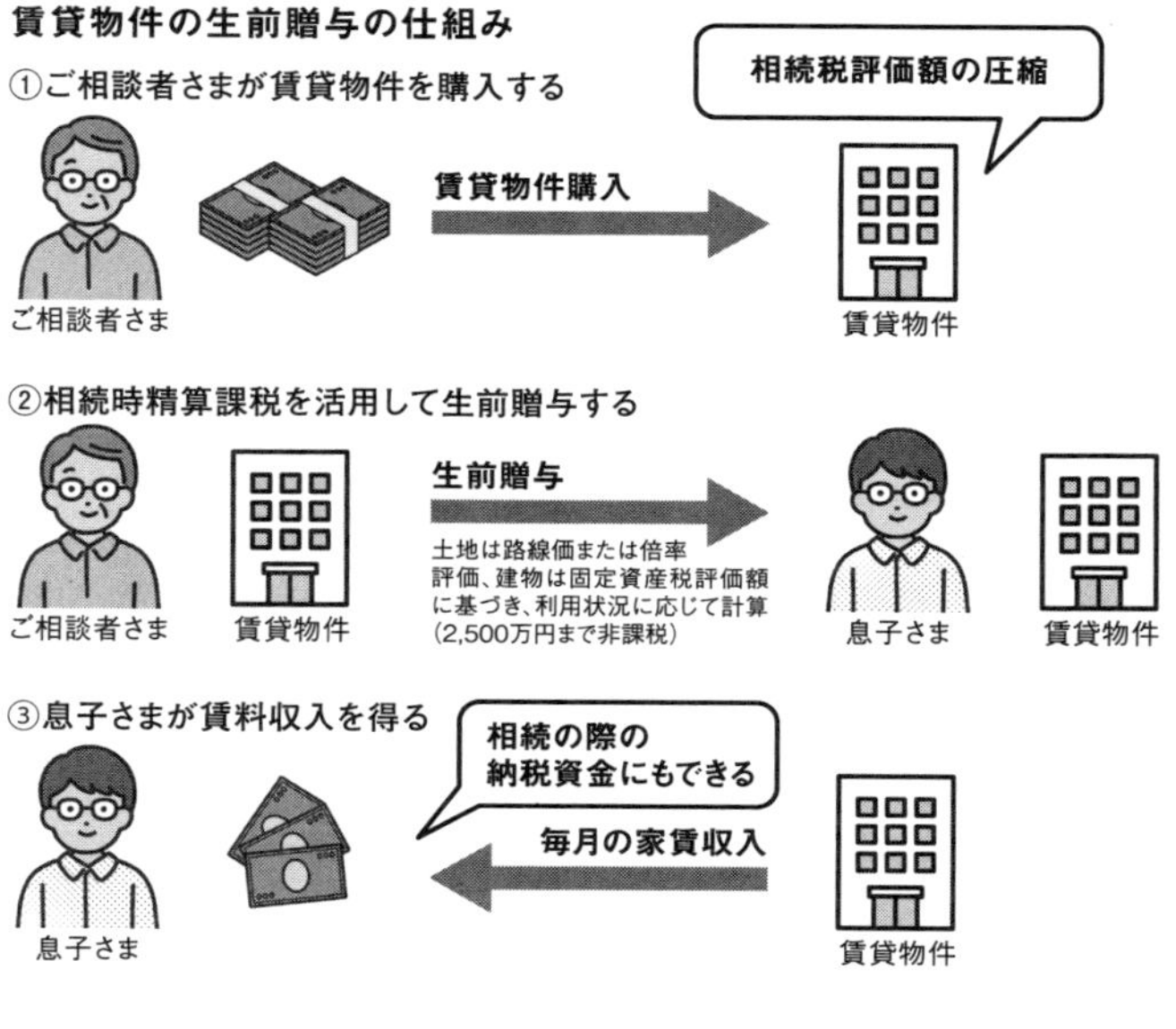

3　「不動産投資という理想の資産運用」

part3

不動産投資の豆知識

「**生活保護受給者を入居者として積極的に受け入れよう**」です。

私は公務員時代、新卒から4年間生活保護関連の部署に在籍しており、その期間ケースワーカーとして実際に現場で生活保護受給者の生活を見てきました。

同時に担当する保護世帯の賃貸物件の管理も行っていたため、生活保護受給者に対する賃貸物件を貸し出す際のイメージが大きく変わりました。

具体的に言うと、まず生活保護世帯には住宅扶助という名目で、エリアと世帯人数に応じた月あたりの家賃上限が存在します。

そして、その住宅扶助費というのは、役所から通常生活保護世帯に毎月の生活保護支給日に指定口座へ入金がされるのですが、それが現在ですと自治体の定めもありますが、家主直接納付といい、役所→家主へ直接振り込みをしてもらえる仕組みが存在するのです。

この制度を活用することで、従来生活保護世帯だと家賃の取りっぱぐれが存在するのではないかとの危惧で貸出しを拒んできた大家さん達も、そのリスクがなくなるのであれば、積極的に彼らに貸出しをしたいと考え直すのではないでしょうか?

また、生活保護のもう1つのメリットは、家賃の後ろ盾が公的機関(=行政)にある点です。

生活保護受給費は主に税金で賄われており、年度によって生活保護費の改定があるものの、基本的には毎月の支給が保証されるものです。

これにより、生活保護世帯が生活保護を受給できている期間は、大家サイドからすると取りっぱぐれがないのです。かつ入居時の条件で保証会社の加入を義務付けることも可能であり、入居時の諸経費として保証会社への負担部分も役所側が支給をしてくれるので、この点を持ってしてもかなり確実な入居者と言えるのです。

またエリアにより、**住宅扶助費の上限が違いますが、これも上限金額まで更新契約の際**

に賃料をアップして、それに伴い物件の利回りアップも狙えるがＧｏｏｄです。

ただ1つ注意が必要なことも同時にあるので、お伝えをします。

それは生活保護受給世帯がどんな理由で現在生活保護を受けているかです。

主な理由としては、高齢に伴う就労収入の減少、傷病により就労が不可能、失業に伴う生活費が無いなどの主な理由が挙げられます。

この中でも注意すべきは、**精神疾患に伴い就労ができてない人**です。

精神疾患と一言で言っても、病気の種類は多岐に渡り、程度も軽いものから重いものまで多種多様にあります。

そしてその中でも**統合失調症を持つ生活保護受給者**には注意が必要です。

彼らの中には精神疾患を理由に障害者手帳を持つものもおり、時期によって病状がかなり不安定になり、場合によっては他人に危害を与える人も少なく無いです。

こういった傷病を持つ生活保護自給者を入居させてしまうと、同じ建物内に居住する他の入居者への迷惑行為などによる、苦情のリスクが生じてしまいます。

迷惑行為が続けば、最悪の場合、警察沙汰に発展したりして、退去になってしまうこともあり、それでは賃貸業として本末転倒になってしまうため、入居審査時にしっかりと精査することが大切になります。

具体的には、入居希望の申込書を不動産客付業者からもらったタイミングで、生活保護受給者であることがわかった段階で、具体的になぜ生活保護を受給しているのかを仲介業者を通じてヒアリングするのです。

万が一、業者の担当者が個人情報を理由に開示してくれない場合には、所管の区役所生活保護課に直接連絡をして、事情説明の上、世帯の状況を教えてもらうやり方も有効です。

いくら個人情報とはいえ、今後生活保護世帯を受け入れる大家の身としては、その辺りをクリアにして気持ちよく入居を受け入れたいので、そこは実践することをオススメします。

また購入を検討している物件に生活保護世帯がいる場合も同様です。

賃貸借契約書の中で、世帯の構成を確認しながら、なぜ現在生活保護を受給するに至ったのかを確認することで、購入後のリスクを軽減しましょう。

さて、ここまで生活保護世帯を受け入れるメリット&デメリットをまとめてきましたが、個人的には積極的に受け入れて、賃貸経営を安定させるのが得策と考えます。

今後の日本のマーケットを見ると、エリアによっては生活保護世帯に限らず、外国人労働者や外国人留学生など入居する層が多岐に渡る可能性も高いです。

時代に応じて、大家側も制度をうまく活用しながら、柔軟に多くの層を取り込めた方がチャンスを掴みやすく、不動産賃貸業の成功へ向けてもポジティブになることが期待できますので、ぜひ新しいものにすぐに抵抗をするのではなく、どんどん受け入れて、時代の流れに乗りながら、ビジネスを加速させていきましょうね!

3　「不動産投資という理想の資産運用」

4 「実践、不動産投資入門」

属性ごとの不動産投資戦略について

不動産投資をこれから始めるという方は以下の項目次第で融資可能な金融機関が異なってくるため、戦い方が変わってきます。

・年収（直近3期分が主に対象）
・金融資産（預貯金、保有不動産、株式、外貨、債券等）
・勤務先
・勤続年数

・年齢（※若いほど融資期間を長期に組めるため有利になる）
・既存借入の状況

この主に6つの要素次第で利用可能な金融機関が変わってきます。

これを理解しないで、闇雲に物件探しをスタートしても融資が付かない銀行向けの物件では絵に描いた餅になってしまうので注意が必要です。

あらかじめ、属性上利用可能な金融機関を把握して、その銀行の融資基準上マッチした案件を持ち込むことが大切です。

また利用可能な銀行が決まれば、それを不動産仲介業者の担当者に伝えることで、担当者もそれ以降、銀行に合った物件の提案がしやすくなるため、物件とのマッチングの質が上がることが期待できます。

この作業を繰り返すことで、あなたが理想とする収益物件を早期で仕留められる確率が上がってきます。

私の経験からも言えることですが、**結局買えている投資家は誰よりも物件の数を見ることができている投資家**です。

ですから、投資初期段階こそ特に、**物件の数だけは誰にも負けないくらい目を通すようにして、エリア毎の相場をいち早く掴むことが大切**です。

目安としては、1日30分程度時間を確保して、エリアを2~3箇所ほど決めて、毎日新着物件をチェックする習慣化を付けましょう。

最初の2~3週間くらいは大変だと感じますが、その期間を超えると、一気にルーティン化して、むしろ毎日の新着物件のチェックが楽しくなりますよ！

結局当たり前のことを当たり前に毎日実践できる投資家が強いです。

特に不動産投資初期段階は、新規物件の仕込みが不動産賃貸業を今後加速させていくにあたり、1番と言っていいほど優先度と重要度の高いタスクです。

この仕込み作業を疎かにせずに、ルーティーン化できれば、事業の成功可能性が上がるので、ここは特に力を入れて取り組みましょうね！

年収、自己資金はどのくらい必要になるか

前述にて、年収&自己資金について金融機関別にある程度の基準をお伝えしましたが、実際に物件を購入して融資を受けて物件を購入する場合、一般的に**給与年収400万円以上、自己資金300万円以上**は最低限でもスタート時の属性として欲しい印象です。

というのも直近の給与年収の金額は各銀行の融資基準でハードルが設けられているため、仮にそれを下回っていると、そもそも融資対象外となってしまうためです。

また自己資金についても、購入した物件で購入後突発的な支出が発生をした際に、物件購入時に自己資金の大半を使ってしまうと資金がショートしてキャッシュアウトしてしまうリスクがあるためです。

不動産投資はある程度の属性があることを前提に金融機関から借り入れを行なって、事業に取り組むビジネスなので、誰にでも門戸が開いているわけでないと厳しい見方をすれば言えますが、逆の見方をするのであれば、誰にでも門戸を開いてない分、競合となるラ

イバルの母数が限られるので、そこでチャンスが巡ってくる可能性が上がるとも言えるのです。

なので不動産投資には興味があるけれど、今の個人属性だと自分はまだ融資を引くことができないという人は、

・職場で昇給をして給与年収を上げる
・転職によるキャリアアップでサラリーマン属性を上げる
・生活費を落として、自己資金を増やす
・自宅を手放して、賃貸に移り住み、家計のバランスシートを改善する

などの方法を取ることが有効です。

具体的にどの金融機関があなたにマッチしているか

①オリックス銀行
・金利：固定（2・3％～3・5％）、変動（2・6％～3・6％）
・融資期間：木造、軽量鉄骨（40年―経過年数）、重鉄＆ＲＣ（55年―経過年数）
・頭金：最大フルローン可能
・年収：直近給与年収500万円以上
・融資エリア：首都圏、近畿圏、名古屋市、福岡市、札幌市、仙台市、高崎市、前橋市、水戸市、つくば市、宇都宮市、浜松市、岐阜市、北九州市、久留米市、熊本市など

②滋賀銀行
・金利：1・95％～4・875％（団信＋0・3％）

・融資期間：最長30年
・年収：直近給与年収500万円以上
・頭金：物件によってはフルローン可能
・融資エリア：全国可能

③香川銀行
・金利：2％＋保証料
・融資期間：耐用年数－経過年数
・頭金：1割～
・年収：直近給与年収300万円以上
・融資エリア：関東圏、大阪圏、四国圏

④日本政策金融公庫
・金利：1・05％～2・7％
・融資期間：最長10年
・年収：制限なし。ただし、赤字決算の場合融資厳しい。
・頭金：物件次第でフルローン可能
・融資エリア：全国対応
・その他特徴：法人融資が可能。2000万円までは担保なし。男性29歳未満、女性、高齢者（55歳以上）は金利優遇。

⑤三井住友トラストローン&ファイナンス
・金利：変動2・9％～4・8％（変動）
・融資期間：新築35年、中古30年
・年収：特になし

・頭金：原則2割（ただし共同担保物件の評価次第ではフルローン可能）
・融資エリア：全国対応
・その他特徴：法人融資可能、違法建築、再建築不可も融資積極的。融資金額累計5000万円以上の借り入れで金利が2・9％になる

以上

ここで挙げた銀行は特に不動産投資初心者や投資規模が小さな大家にマッチした融資商品がある銀行になります。

事業性融資（＝プロパーローン）で早い段階から資金調達をしたいという大家もいらっしゃいますが、現実的には最初の3棟目位まではパッケージ融資を使い、属性による資金調達をしてしまい、早めに不動産賃貸業での実績を作り、そこから事業性融資（＝プロパー融資）へ繋げていくやり方が、オーソドックスで定石のやり方のためオススメです。

直近給与年収が1000万円以上かつ自己資金が3000万円以上などの高属性の一部の方を除いて、基本的には不動産投資はパッケージ型融資を活用しながら、スタートを切ることを覚えていてもらえたら大丈夫です！

逆に年収1000万円以上で自己資金3000万円以上の属性の方は、1棟目から関東近郊で土地からの新築アパートや地方政令都市の一棟RC案件にチャレンジをして一気に大きな価格帯の案件に取り組まれるのも戦略的にありです。

この辺りはご自身がどのくらいの借入金額を上限として設定するか次第で、リスク許容度が変わるため、ご自身が信頼されるコンサルタントへ相談をされて決める形がいいかと思います！

ただ注意が必要なのは、物件規模が小さすぎる収益物件を買ってしまうと、物件単体で収支が出にくくなってしまい、経費率が高くなることから、キャッシュフローが残りにくくなることです。

そのため、私のコンサル生には以下の規模以上の物件を買うことを推奨しています。

・一棟で物件価格1500万円以上
・単身間取りで6部屋以上、ファミリー間取りで4部屋以上の規模感があること

この2つの基準を満たす物件であれば利回りにもよりますが、概ね物件単体で収支を出すことも可能なので、賃貸経営上の経費率が高すぎて利益が残らない問題を回避することができます。

不動産はどんな物件を買うかよりも、どんな物件は買わないべきかの方が意外に重要だったりします。

なので、私が本書含め過去の書籍でも書いてきたような、やめるべき特徴の物件を上手に避けて、物件の仕入れをして、不動産投資のスタートを切れれば、あなたも短期間で一気に不動産投資で拡大できるチャンスが見えてきますよ！

具体的に何から取り組めばいいか

不動産投資をスタートすると決めたら、やるべき作業が多岐にわたり発生します。

ざっと書き出すだけで、

・不動産投資関連書籍を最低でも10冊読んで投資手法を決める
・どの金融機関を利用して物件購入をスタートするか
・どのエリアで物件を購入するか
・客付時にどんな管理会社と取引をすべきか
・どんなリフォームが賃貸付する場合に効果的か
・連続的に融資を引いて物件を購入する方法
・保有不動産をいつ売却するのが最適か

など

ただこれら全ての作業を事前学習で習得するのは現実的に難しいため、実際にそのスキルが必要な場面が発生して、そこでインプットしながらアウトプットすることで、学ぶのが1番効率よく進めることができるやり方なので個人的にオススメです。

それでは具体的にステップで順序立ててやるべきタスクを読者の皆さんにお伝えしますね！

【Step1：現在の自分の属性で利用可能な金融機関のリストアップ】
【Step2：融資想定先の融資基準に合った物件を探す】
【Step3：事前審査で実際に物件を持ち込んで融資条件を出してもらう】
【Step4：Step3の融資条件に合った物件を仲介担当者に紹介してもらう】
【Step5：紹介を受けた物件を融資想定先へどんどん持ち込む】

このStep1～5をどれだけ繰り返し取り組めるかで物件の購入できる時期が目標と

比べて前倒しになるか、また成功確度が決まってきます。

それでは具体的にＳｔｅｐ１からＳｔｅｐ５までの流れを順番に詳細を説明します。

【Ｓｔｅｐ１：自分の属性で利用可能な金融機関の洗い出し】

そもそも現在の自分の属性を考えた際に、具体的にどこの金融機関がどんな条件の融資をしてくれるのかを理解して、物件探しを始めることが重要です。

その作業を怠って物件探しを始めると、銀行基準に合致しない物件を探してしまうことになり、時間がもったいなくなる可能性が高いからです。

そのため、ご自身の属性に応じて、前述した各金融機関の属性条件を当てはめてもらいながら、可能性がある金融機関に具体的な物件とセットで一度属性情報を提出の上、融資条件を出してもらいましょうね！

【Ｓｔｅｐ２：融資想定先の融資基準に合った物件を探す】

Ｓｔｅｐ１にて、具体的な融資先が決まったら、やることはシンプルです。

それはその融資想定先に合致した物件をひたすら探すことです。

可能な限り、毎日新着物件をチェックすることをルーティン化して、物件探しができれば、購入できる可能性が劇的に上がるのでおすすめです。

毎日15分で構わないので、ご自身の土地勘のあるエリアを中心に２〜３箇所拠点を決めて、その場所を定点的にチェックするのがオススメです。

理由は定点的に物件を見ることで、そのエリアの相場感を知ることができるからです。

不動産投資での成功はいかに相場よりも割安に物件を買えるかにかかっています。

それは相場よりも割安に買うことで、将来的な売却益を狙うことが可能になるからです。

また割安に購入することで、その物件の保有期間中に残債が減れば、その分担保余力が生まれ、それ以降の物件を購入する際に共同担保としての枠が生まれるため、さらに物件購入を加速させることが可能になるからです。

短期間で連続的に購入ができている不動産投資家の人は、ほとんどがこのパターンで不動産投資の資産規模拡大を加速しているイメージです。

【Ｓｔｅｐ３：事前審査で実際に物件を持ち込んで融資条件を出してもらう】

Ｓｔｅｐ２の作業を通じて、具体的な銀行条件に合致する物件が出てきたら、どんどんその物件を想定融資先へ持ち込んで、具体的な融資条件を出してもらいましょう。いかに自分で試算をしたところで、銀行の融資条件に合致しなければ、それは絵に描いた餅にすぎません。

そのため、銀行融資がある程度見える案件にて、銀行担当者に物件の評価をお願いし、具体的な融資条件を出してもらいましょう。

その条件次第で、数字が合えば、一気に売買契約→融資本審査→決済と迎えられる案件も増えるのでおすすめです。

このｓｔｅｐ３の作業をどれだけの数取り組めるかが実際に物件購入で実績を出すため

には非常に大切になります。

銀行の融資基準を理解して、合致する案件をガンガン持ち込みして、物件の早期購入へ結びつけましょうね！

【Ｓｔｅｐ４：Ｓｔｅｐ３の融資条件に合った物件を仲介担当者に紹介してもらう】

Ｓｔｅｐ３を通じて、具体的な案件ベースで銀行の目線がわかったら、次にすべきは不動産仲介業者担当者にその物件基準を伝えて、各銀行に合う物件情報をもらうことができるように働きかけることです。

具体的にはＡ４サイズ１枚に属性シートをまとめて、１枚で業者の担当者が属性を分かるようにするのと同時に、希望の物件条件の欄に、●●銀行を利用予定の旨を書き、その銀行の融資条件に合致する物件の特徴も併せて書き込むと、担当者も紹介がしやすくなるので、特におすすめです。

担当者とやり取りを深めて、相性が良い担当者３人を目安に確保できると日々確度の高い物件情報を巡り会える可能性が高くなるかと個人的な経験から思います！

【Ｓｔｅｐ５：紹介を受けた物件を融資想定先へどんどん持ち込む】

Ｓｔｅｐ４を通じて、優秀で自分と相性の合う不動産業者担当者と巡り会えたら、後はご自身が想定している金融機関に具体的な物件情報を持ち込む作業が大切です。

ここで鍵となるのは、１００点満点の物件を探しすぎて、銀行への打診が滞ってしまうことです。

銀行の融資は水物であり、今はあなたの属性で融資が出る金融機関も、市況の変化に相まって、いきなり融資の門戸を締める可能性も0ではありません。

そのため特にパッケージ型融資においては、融資が商品化されており、基準がわかりやすいため、ご自身の物件選定基準があったとしても、客観的な評価で見た際に70点以上の物件であればどんどん融資審査へ持ち込むようにしましょうね！

優良物件の見極め方

さて優良物件を購入することが、短期間に不動産投資を拡大する上で重要なことはわかったが、それでは具体的に優良物件とはどのような条件を満たした物件を指すのか分からないという方も多いのではないでしょうか。

そこで今回は私が考える「**優良物件の3つの特徴**」をまとめてみたいと思います。

1、市場相場よりも割安な案件である
2、購入後に手のかからない物件である
3、手残りが残せる物件である

この3つの条件を満たす物件が個人的には優良物件に該当すると考えます。
それでは以下にて具体的に1～3までの内容を解説します。

①市場相場よりも割安な案件である

→1つ目はこの3つの中でも特に大切と考える〝市場相場よりも割安な案件である〟について考えてみます。

不動産投資において、物件は1つとして全く同じものは存在しません。

不動産業界では1物1価とよく言われますが、それが所以です。

1つとして全く同じ物件で同じ価値の不動産は理論上存在しないからです。

そのため、同じエリアの相場利回りを知りながら、その相場利回りよりも1％でも安く購入することが重要になります。

相場よりも安く購入することさえできれば、その案件でのリスクは80％以上回避したと言えます。

安く仕入れることで将来的に売却益を出すことができれば、さらに物件の資産規模を拡大するチャンスが拡大します。

そのチャンスを作るためにも、市場相場を把握してそれよりも目安として**2割程度割安**

な収益不動産を仕込むように戦略立てて取り組むことがオススメです。

②購入後に手のかからない物件である

→自己資金が少ない不動産投資家にとって重要なのは、キャッシュアウトをして市場から撤退するリスクを抑えることです。

仮に保有不動産でプラスの利益を出していたとしても、一時的に大きなお金の捻出が必要になり、その資金繰りに窮して、最悪の場合不動産資料から撤退せざるを得ない状況になることも可能性としては0ではありません。

それを考えると、購入後に大規模修繕が発生しない物件であることは不動産投資の拡大を目指す意味ではとても重要になります。

またリフォームローンは通常の収益不動産向けローンと異なり、融資の難易度が上がります。それは収益不動産が担保付きローンである一方で、リフォームローンは無担保ローンだからです。

かつ現金で購入した収益不動産に対して、リフォームローンをお願いするのと、収益不動産の購入ローンに追加して、リフォームローンとなると金融機関もシビアに事業内容を見てくる可能性が高いことも融資難易度が高まる理由です。

そのため物件の内見時にできれば工務店も同行してもらって、現地確認を進めて、近々で大規模修繕による出費が発生しない物件かどうかは、不動産投資初心者の方はぜひ意識されることをオススメします。これによりリスク回避が可能です。

③手残りが残せる物件である

↓せっかく収益物件を購入することができたとしても、その物件を保有する間の収支がマイナスでは保有している意味が極論ありません。

またそれ以降に物件を拡大することを考えた場合に、銀行向けに事業をアピールする場面で収益が赤字だと、融資審査上マイナスに働くため注意が必要です。

しっかりと収益が残せて、かつ購入後に満室賃貸まで持っていくことができ、銀行向けにも有能な大家さんだと認識されることがそれ以降の連続的な融資獲得を目的とするならば、大切なスキルになります。

そのため購入を検討する場合には、その物件が融資の返済やその他諸費用（固定資産税、管理費、雑費等）を差し引いた上で、毎月の収支を生み出してくれる物件かを購入前のシュミレーションでしっかりと精査するようにしてくださいね！

物件毎に利益が残るように整備できれば、次以降融資を活用する際にも融資にポジティブな効果をもたらしてくれます。

4 「実践、不動産投資入門」

part4 不動産投資の豆知識

「地元エリアを投資対象に組み込む不動産投資戦略」です。

これは過去２作には書いてない内容で、私が実際にここ数年実際に取り組んでいる内容なのでぜひ共有をしたいと思います。

公務員時代の25歳の頃に不動産投資をスタートした私ですが、当初は融資想定先の金融機関が日本政策金融公庫、三井住友トラストＬ＆Ｆ、セゾンファンデックス、静岡銀行などのため、主な投資対象エリアが、一都三県と北関東エリア（茨城県、栃木県、群馬県）に絞って、物件探し＆購入をしてきた経緯があります。

ただある程度規模を拡大し、売却に伴い手元資金が増えた頃（２０２０年頃を境）に、物価上昇に伴い日本国内不動産の価格が上昇して、私が主に物件を探していた一都三県で購入基準を満たす物件が一気に減少する時期がありました。

その頃、このままでは新規物件の購入がストップしてしまうと危惧した私は、投資対象エリアを拡げられないか考えました。

ただ簡単に投資対象エリアを拡げると言っても、土地勘のないエリアを1から開拓していくのは時間もかかる上にリスキーだなと思う中で、1つ土地勘のあるエリアがあるではないかとの結論に達しました。

それは幼少期から学生時代まで過ごした地元のエリアです。

私の場合には、出生から高校時代まで東北の福島県いわき市で過ごし、大学生の頃から東京へ進学を理由に上京をして、地元を離れた経緯がありました。

高校生までと言っても、地元には強い愛着があり、地元を離れた後も、何か地元に貢献できないかと考えていた私にとって、自分が得意とする不動産賃貸業で実際に不動産を保有して、それを地元の方へ貸し出して、喜んで住んでもらうことができれば、これ以上に幸せなことはないなという想いに至りました。

そして実際に2021年頃に初めて地元いわき市に現金にて中古戸建を購入したことをきっかけに、地元福島に今まで5物件の購入実績があります。

今まではあくまで融資先を意識して、自分がそれほど所縁のない土地に物件を買ってきたため、事業性の性質が強かった不動産投資ですが、地元で収益不動産を購入して、賃貸業を始めることができたことで、愛着のある土地で自分が好きで得意なビジネスに取り組めることで、一気に事業のやりがいが倍増した印象が強いです。

そのため、現在は仕事や家族の関係で地元を離れて生活しているという人も、ある程度物件規模の拡大が進み、現金でも物件を買えるようになってきたら、投資対象エリアの選択肢に地元を組み込むのはオススメです。

また地元であれば親戚や知り合いなどで、建築関係やリフォーム関係の業者がいれば、その方達に仕事を依頼して、自分が直接の知り合いの中で雇用を産むことも可能なのがとても強いメリットかと。

また不動産客付に関しても、地元であれば商圏が狭いので、すぐに知り合いと繋がることができる強みを活かして、自分の知り合いに直接入居促進をして、入居者となって住んでもらうことも可能になります。

そうすることで自分の信頼のおける知人や友人が賃借人となって居住してもらえることは、精神的にも安心して貸出しができる点でメリットが強いのではないでしょうか。

不動産賃貸業で地元の地域経済の活性化に貢献すると同時に、ご自身が生活を送ってきた土地勘のある場所で、客付と仕入れの競争優位性を持って不動産賃貸業を展開してみてはいかがでしょうか！

5 「築いた資産の活用方法、残し方」

不動産はどう活用する？

さてここまで読んでいただき、不動産の資産としても魅力は十分に伝わってのではないかと思います。

では次にその資産として、不動産をどう運用していく方が資産拡大の面ではオススメなのかをお伝えします。

不動産投資と一口に言っても、その投資対象が無数にあります。

具体的な投資手法の例を挙げれば、

・一棟物件
・戸建
・区分マンション
・シェアハウス
・事務所、店舗物件
・コンテナ投資
・コインランドリー投資
・米軍のベース向け賃貸
・airbnb向けの民泊
etc…

など投資先が数多くあるため、今回はこの中で私が資産拡大の中で1番相性がよく、再現性の高いと投資先と考える一棟物件についておすすめの運用方法を今回はお伝えをします！

実際に25歳の頃から一棟収益不動産を中心に不動産投資を進めてきて、実際に1億円以上の現預金を作ることができた実績からも、とてもオススメです。

そもそも私が一棟物件を投資対象としてオススメしている理由は、

・土地が付くため、価格が将来的に下がりにくい
・一物一価のため物件ごとに価格が異なる
・バランスシートで資産>負債を作りやすい

この3つの理由が主な理由です。

また物件によっては市場相場よりも割安に仕入れることで、購入後数年で数百万円から数千万円の売却益を生むケースもあります。

資金がそれほど潤沢でない投資家はこの売却益を早い段階で得ながら、それを再投資し

て、規模の大きい物件にシフトしていく動きがとても重要です。

なぜならなるべく早い段階でスケールを拡大（＝保有物件の部屋数を増やす）して、キャッシュフローを生み出し、それを貯めながら、再投資する動きが重要だからです。

この戦略を取ることでそれほど属性の高くないサラリーマンであっても、短期間で資産を増やすことが可能になります。

どこを目指すのか？

不動産投資を実際にスタートして、順調に規模の拡大をしていくと、みなさん共通して悩みが生まれます。

それは、どこまで不動産投資によって資産を拡大すべきという悩みです。

不動産投資は現金が潤沢な一部の人を除いては、基本的には金融機関からの融資で物件購入を連続的に繰り返していきます。

そのため借金をして物件購入による資産拡大をしているのが原則です。

その場合、銀行融資でどのくらいの金額まで融資を引いて借金を負うかはその人が目指す不動産投資から得たいキャッシュフローによって、正解が異なります。

毎月のキャッシュフローが30万円欲しい人と、100万円が欲しい人では必要な物件規模が変わるためです。

それでは具体的に各キャッシュフローを得るために、どのくらいの収益不動産の購入が必要になってくるのかを例示します。

ここでは以下の条件で一棟物件を購入する前提で、毎月のキャッシュフローを算出します。（※CF計算の定義（毎月の賃料－ローン返済金額－固定資産税額－管理費）

〈前提〉

・一棟築古木造アパート（築年数30年）

・物件価格：３０００万円
・満室字想定表面利回り：11％
・融資条件：フルローン、融資期間30年、金利３・９％
・空室率は加味せずにあくまで年間通して満室稼働した前提で計算

〈毎月キャッシュフロー30万円／月を目指したい人〉

１棟あたり、２７２０００円の賃料収入があり、そこから１４１５００円／月返済、かつ固定資産税額１万円、管理費（賃料の５％）１・３万円と仮定すると、１棟あたり満室想定で、約11万円残すことができるので、３棟購入できれば、月30万円のキャッシュフローは達成が可能になります。

〈毎月キャッシュフロー１００万円／月を目指したい人〉

上記の数字を参考に考えた場合に、毎月１００万円のキャッシュフローを得るには、３

000万円規模の物件で8〜9棟の規模感が求められます。借入れ総額として2・5億円前後が目安になります。

ただこの辺りも取得する物件の利回りが想定の11％よりも高ければ、そこまで借入れをしなくても、達成が可能になります。

この辺りは物件の拡大を進める中で、ご自身としてどのくらいの規模感までの借入れ総額を許容できるか次第で決める形で問題ないかと思います。

〈毎月キャッシュフロー200万円／月を目指したい人〉

毎月のキャッシュフロー200万円の規模を目指したい場合、この規模を達成したい場合、前述の3000万円規模の物件を何棟も持つより、最初の段階で大きめな一棟RCにチャレンジできる属性（直近年収700万円以上、自己資金3000万円以上目安）であれば、規模の大きい物件を皮切りにスタートを切るのがオススメです。

それは数千万円規模の物件を何棟も購入するのに、銀行が直近融資から間隔を置くように言ってくる可能性が高いからです。

そのため、規模感の大きな物件を早い段階で取得をして、その物件でキャッシュフローを出して、資産規模を拡大する方が望ましいからです。

そのため200万円／月キャッシュフローを目指す方は、以下の物件規模を目安に買い増しを進めるのがオススメです。

・1億円規模の中古一棟RC（表面利回り10％、フルローン、融資期間30年、金利2・0％目安）×2棟

↓約80万円／月

・5000万円規模の中古一棟重量鉄骨AP（表面利回り11％、フルローン、融資期間30年、金利3・6％目安）×1棟

↓20万円／月

・3000万円規模の中古一棟木造AP（表面利回り12％、フルローン、融資期間30年、金

利3・9%目安）×7棟
↓約100万円／月

上記の規模感まで買い増しをすることで、月200万円のキャッシュフローを作り出すことができます。

ぜひ毎月200万円のキャッシュフローを作りたいと考えている方は参考にしてみてくださいね！

築いた資産、その行方

〈どれだけ資産を築いても、最適な相続方法を知らなければ資産を持っていかれる〉

読者の方でご存知の方も多いと思いますが、日本の税制は諸外国と比べても非常に高く、減税される資産を上手に活用しないで、現預金のまま相続してしまうと、相続対象の資産の金額や相続人の数にもよりますが、約40％も税金として持って行かれてしまいます。

資産を残すにはいかに国に税金で搾取されないかの視点が重要かお分かりになったのではないでしょうか。

では具体的に高負担の税制を回避して、相続させる方法とは何か？

それはズバリ、**現金ではなく不動産を購入して相続人へ資産を残す方法**です。

不動産を取得すると相続税が節税できると言われるのは、不動産の相続税評価額は不動産の時価よりも低く評価されるので、その分相続税が少なく計算されるためです。

例えば遺産が1億円とした場合、全て現金であれば相続財産の評価額は1億円となり、1億円に対して相続税が課税されます。

一方、遺産が時価1億円の不動産の場合で相続税評価額が6000万円と評価されれば、4000万円相続財産を圧縮することができ、相続税を節税することができます。

この図のように、現金で1億円をそのまま残してしまえば、相続税評価額は1億円で評価されて、そのまま相続税がその金額に課されてしまいます。

逆に、不動産を購入してそれを相続人へ相続させれば、不動産の相続税評価額に応じて相続税が決まり、節税をすることが可能になります。

では具体的に相続税評価額はどのように決まるのかについてまとめます。

不動産は土地と建物に分けて評価をします。土地は国税庁が算定した路線価に基づいて評価します。

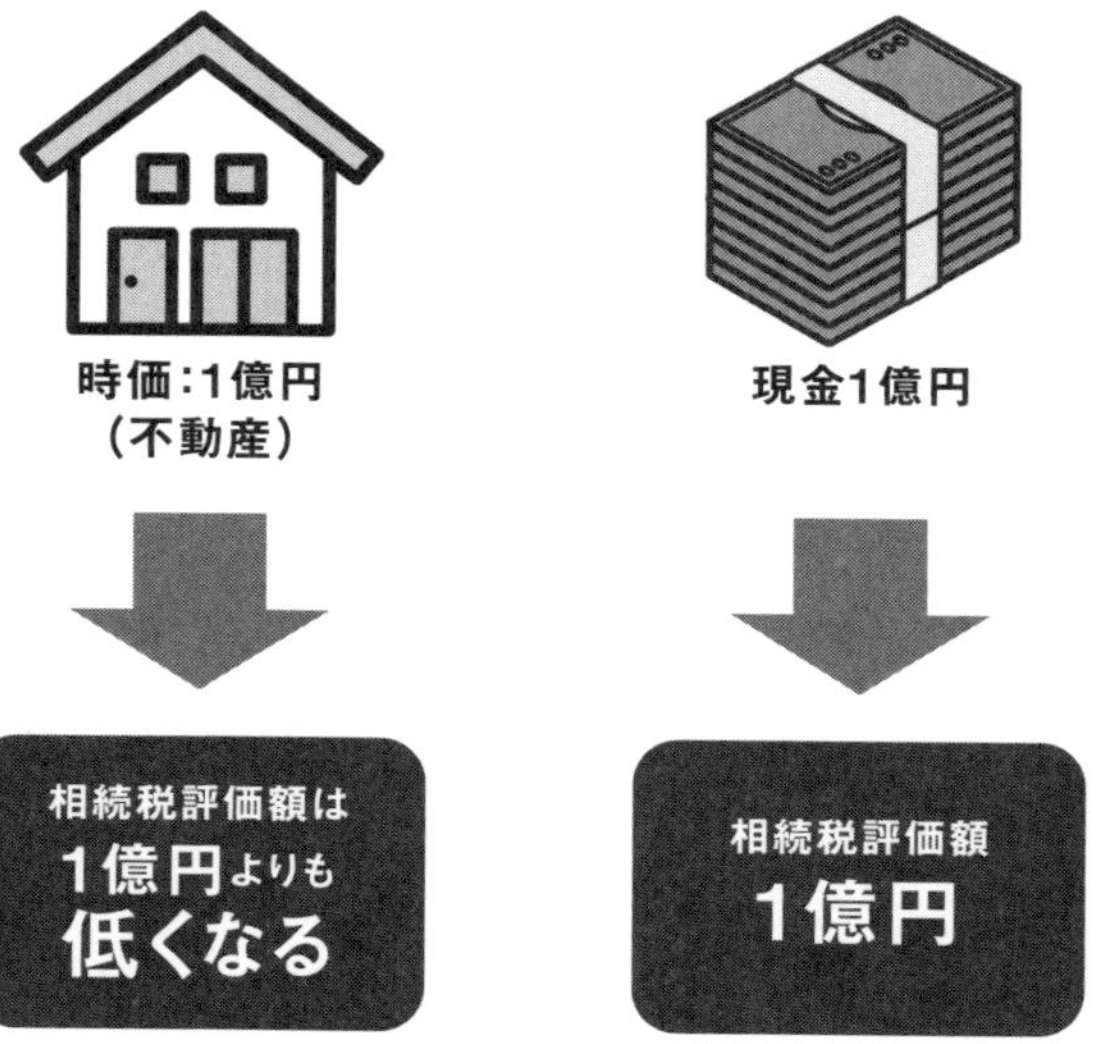

路線価の指定されていない地域（市街化調整区域等）は固定資産税評価額に倍率を乗じて計算します。

建物は固定資産税評価額に基づいて評価します。

路線価は実勢価格の80％を目安に算定されています。

ただし、不動産の時価が上昇している地域の場合、時価の上昇に路線価の上昇が追い付いていないケースが多く、実際には倍以上乖離しているケースもあります。

この差額を活用し、相続税評価額を圧縮

土地には路線価方式と倍率方式がある

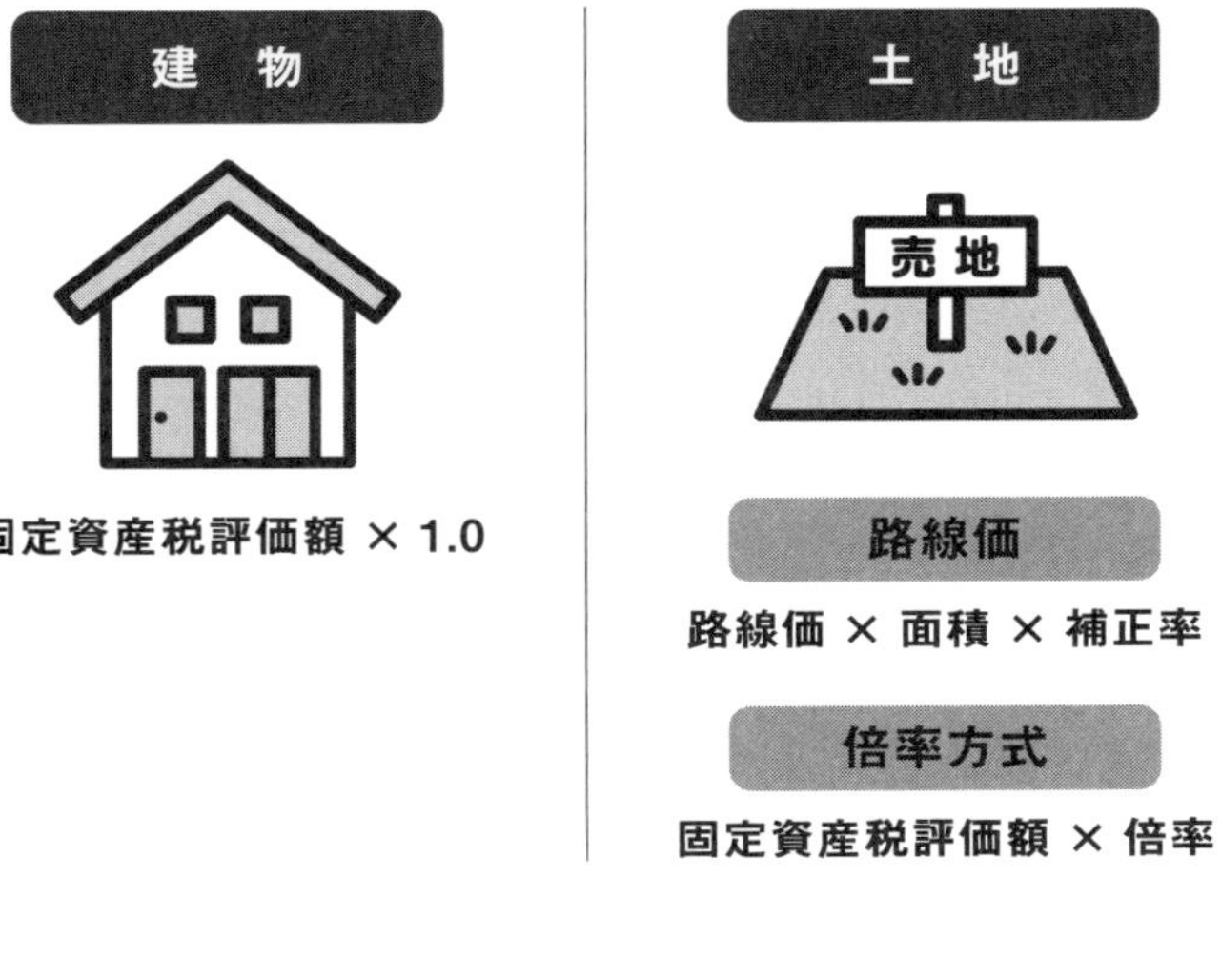

して相続税を節税する方法が用いられます。

一方、建物については固定資産税評価額に基づいて評価をしますが、実際の建物の購入価格よりも固定資産税評価額の方が低く算定されるため、土地と同様に建物もこの差額を活用して節税することができます。

投資用不動産（収益物件）の売買価格は、主として投資利回りの収益還元法により評価され、固定資産税評価額の算定方法（建築コストから減価する方法）と根本的に異なるためです。

また賃貸不動産（＝収益不動産）は居住用の宅地・建物の評価側から賃貸部分を控除することができるため、更に相続財産を圧縮することができるため、自己居住用の不動産と比べてより税制上のメリットがあります。

これより先は税制の込み入った話になるため本書では記載を割愛しますが、覚えていて欲しいのは、**相続する際には現金ではなく不動産で資産を残すこと**です。

かつその不動産の種類も**自己居住用ではなく、収益不動産で残すことで最大限の税制上**

のメリットを享受することができるのです。

ぜひこの部分は本書でも大切な箇所になるので、何度も読み込んで覚えておくようにしてくださいね！

〈資産を残した相続人が資産運用を知らなければすぐに資産は溶けてしまう〉

前述の収益不動産を購入しての相続を上手に実践できたとしても、まだ油断は禁物です。

それは相続人が、しっかりと資産運用の方法を熟知してなければ、せっかく引き継いだ資産もすぐに溶かしてしまうリスクがあるからです。

そのため普段から自分の資産を残す相続人に対して、事業内容&資産推移の共有を毎月行うと同時に、顧問税理士を巻き込んで、チームで資産管理ができる体制を作るのがオススメです。

特に事業主であるあなたが普段から税理士に、将来的な資産活用法を共有して、親族間で相続が起きた際にどのように資産を運営&処理して欲しいかを話し合うことが大切です。

また具体的な例で言えば、

・遺言書を3ヶ月に1回のベースで更新するようにする
・家族と税理士の間で共有ワークスペースを持ち、常に資産の推移を把握するようにする
・口座情報やセキュリティ情報をクローズの場で共有して、万が一の際に資産管理できる体制を作っておく

この辺りの方法がオススメです。

属人的に情報を抱えるのではなく、複数で情報は共有できる状態を常に作るようにしましょう。

それが将来的な家族間での相続時のリスクヘッジの役割を果たすのです。

仮に家計の実権を握っていたあなたが亡くなってしまっても、他の家族の構成員があなたを代行して、家計の操縦ができるようになっておくことが大切だからです。

〈チームで資産管理＆資産運用ができる体制を作る〉

家族間の資産管理はもちろん大切ですが、そこに外部の優秀な人材もチームに加えることでより盤石な体制ができるのでおすすめです。

特に、税理士、不動産営業マン、銀行担当者、不動産投資コンサルタント、資産運用コンサルタントなどの存在が重要になります。

外部の優秀な人生に投資をすることで、それ以上の情報や知識のリターンを得るのです。

その部分への投資を怠ると、後でせっかく手元に蓄えた資金を溶かしてしまうリスクがあります。

私自身、資産管理法人と一般法人の２社を運営していますが、２社ともに財務に強い税理士に決算業務で入ってもらい、３ヶ月に１回面談を行ってもらいながら、試算表ベースでどんな決算書を作り込んでいくか普段から密に連携を取っています。

もちろん２社の毎月の顧問契約料と決算時の手数料で毎年１００万円近い金額がかかっていますが、それを上回るアドバイスをもらうことができています。

これもある種捉え方によりますが、投資的観点が強いです。

それに年間2社100万円で財務部門の顧問をお願いできているようなものなので、従業員を雇う費用と比べたらかなり割高ではないかと考えます。

この辺りは人によって得意or不得意の分野が異なるため、自分が財務に長けているならあえて外注しないで内省化して業務を行った方が費用面でもいいでしょうし、逆に数字に弱い人は自分より優秀な外部の人に依頼をしてどんどん頼るのがオススメです。

何より、不動産賃貸業含めて、事業で大切なことは自分が弱い部分は得意な人に業務を振って、自分は得意な部分に集中して取り組むことです。

自分が得意な部分で稼いだ利益を苦手な部分へ振って、全体のレベルを上げた方が事業として成功可能性が上がるのでオススメです。

またその方が仕事のストレスも抑えて、最高に仕事のパフォーマンスを発揮できるので、強みを活かして、仕事に取り組む重要性にも気づくことができます！

「餅は餅屋に」という言葉があるように、苦手な作業はガンガン外注をしつつ、自分は得意な作業に集中することが作業の質を上げる上では特に重要になるのです。

part5

不動産投資の豆知識

「読書は最高の自己投資かつ将来に向けた投資です」

現在36歳の私ですが、人生をふと振り返ってみたときに1番インパクトを与えてくれたことは何だろうと本書の原稿を書きながら、1人Ｓｔａｒｂｕｃｋｓの店舗で思い巡らせてみました。

そこで出た結論は…

もちろん人との出会いや、体験で得ることができたこともたくさんありました。

ただ1人の時間に場所や時間を選ばずに実行できることで、かつ先人の知恵を拝借して、人生というゲームを有利に進めてくれる最強のツール。

それは**間違いなく「読書」という行為**だったなということです。

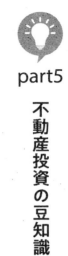

これを特に学生時代から30代前半にかけてどれだけ取り組めたかで、40代以降の人生が決まるとさえ思います。

それくらい人生にインパクトを与えてくれる行為です。

私の実例で言えば、私は両親と通園していた保育園の影響で、未就学児の頃から母親に本の読み聞かせをしてもらったおかげで、小学生の頃から読書習慣がある子に育つことができました。

ただ小学校のサッカー漬けの日々の影響で少し読書から遠ざかる時期がありましたが、高校時代にサッカー部を退部したのをきっかけに再度図書館や書店で書籍を読み漁る日々が始まり、それが大学生、社会人以降により加速をしました。

その結果として、今の不動産賃貸業に取り組みきっかけとなって、「金持ち父さん貧乏父さん」という名書との出会い。

そして、社会人以降は「レバレッジシリーズ」で有名な本田直之氏の書籍で仕事の効率化と将来の起業を目指すきっかけをもらい。

國貞克則氏の「財務三表図解分析法」で会社の財務の重要性について学ぶことができ、そこから銀行がどんな決算書を評価してくれるかを学び、実際に不動産賃貸業での融資を引く場面で大いに役立つことができました。

読書とは自分の人生での可能性を最大限に拡げてくれる行為だと個人的には考えています。

自分の可能性を信じる人であれば、自分が1番投資価値の高い商品だと気づくのにそう時間は必要ないかと!

ぜひ、私も読書によって人生を変えることができましたので、今の人生をより良いものにしたいと考える読者のあなたには、今読書週間がなければすぐに書店へ足を運んで気になる分野の書籍を2－3冊買って、読んでみましょうね!

そこで1つでも有益だと思った情報があれば、それを実際に実践して、その結果を踏まえて次のアクションへ繋げましょう。

この繰り返しで、ビジネスの成功へ向けたステップが始まります。

5　「築いた資産の活用方法、残し方」

6

「不動産投資での最強成功法則」

最後の第6章では私が実際に11年間、不動産投資の世界に身を置いて体験してきたことをベースに、不動産投資で最短最速で成果を出す上で重要なことについてまとめてみたいと思います！

ハッキリ言って、今での章を飛ばしてしまってもこの第6章だけ読んでも本書を読む価値があるというくらいの内容でまとめたいと思いますので、読み出す前の方は期待していてくださいね！

不動産投資は何度も言いますが、やるべきこと&守るべきルールは至ってシンプルです。それが故にイレギュラーなことをせずに、やるべきことを淡々と取り組む姿勢がとても大切な事業になります。

ぜひ本書では、その外してはいけないポイントについてわかりやすくまとめますので、ご一読ください！

不動産投資では抑えるべきポイントさえ押さえることができれば、失敗はむしろ難しく、基本的には成功へ向けた着実なスタートを切ることができます。

本書の6章を特に重点的に読み込んでいただき、正しい不動産投資での成功法則を習得して、不動産投資での成功を目指しましょう！

物件の仕入れには徹底的にこだわること

前の章でも言及していますが、非常に重要なことなので、再度お伝えをします。

不動産投資は仕入れで80％以上決まると言っても過言ではないです。

それくらい購入後に事態を挽回するのは困難なため、購入時にこだわるべきポイントなのです。

では具体的に仕入れる際に気を付けるポイントは何か？

それはずばり、「**エリア毎の相場を抑えて、その相場よりも安く仕入れること**」です。

不動産投資はエリアによって、平均利回りが存在します。

その平均利回りよりも高い利回りを叩き出す物件を仕込むのです。

具体的に、エリア毎の相場を把握するには、毎日に定点的な物件チェックが有効です。同じエリアを3週間も毎日物件チェックを続けていれば、経験上相場利回りが見えてきます。ご自身の土地勘のあるエリアを2－3箇所決めて、そこを毎日15分でいいので、継続して物件チェックを繰り返すだけで相場が見えてきて、一気に相場観を培うことが可能になります。

また案件毎に、売主が個人、一般法人、宅建法人であるなど売主の属性が異なるため、売主の素性によって交渉方法を変えるのも有効な戦略と言えます。

同時に売却理由も交渉を進める上で必ずチェックをすべき重要な部分です。

というのも売却理由によって、売主の売却に対しての本気度とスピード感が変わるからです。

親族が亡くなったことで相続案件として引き継いだ物件の場合、相続人の売主は不動産取得税や固定資産税、都市計画税などランニングコストとして発生する税金関係の支払いを嫌がって、早期に売却を望むケースなども少なくないです。

また逆に売主が一般法人で本業とは別に不動産賃貸業を行なっており、その保有不動産の1つを利益確定のために売りに出している場合などは、その物件の稼働状況が良ければ特に売り急がないで売却活動が可能なため、買い側からすると交渉がしづらいと言えます。

これらは、案件によって事情が全く異なるため、これはかりは実際に現在市場に売りに出ている案件をそれぞれ精査しないとなんとも言えない部分ではあるため、やはり毎日の物件レビューにて数をこなして、物件の検討数を増やすことで、物件の相場目線を培うのと合わせて、交渉術も熟知していくのが収益不動産購入の近道となると言えるでしょう！

本業がある方は、毎日まとまった時間を確保するのは大変な側面もあるかと思いますが、優良物件の獲得のための先行投資だと割り切って、ぜひ時間と手間を投下してもらえたらと思います！

結局、実際に物件を購入する前にどれだけ苦労をできたか次第で、最終的に購入できた物件の質に差が生まれるのです。

どの業者で買って、どの業者で売るべきか

不動産投資では買う時と、売る時で業者の使い方を変えることがオススメです。

理由は、業者によって得意ｏｒ不得意があり、それを上手にこちらサイドで使い分けてあげることで、交渉の優位性を持つことができるからです。

具体的に言えば、

・**購入時：地場の不動産投資に精通していない業者でかつ物もとから買うこと**

・**売却時：不動産投資に精通している不動産投資専門業者で売ること**

この2つの使い分けが非常におすすめの戦略です。

ではなぜその使い分けが効果的でオススメなのかについて説明します。

まず購入時の業者についてです。

ここで大切なのは、収益不動産の物件種別、築年数、エリアなどの要素から相場価格に精通している業者を介さないで購入することができれば、割安に物件を買える可能性が高まるという事実です。

というのも、仲介する業者（※ここでは売主から直接売却依頼を受けている物もと業者を指す）が収益不動産の事情に精通していればしているほど、価格の歪みが生じにくくなり、買い手側からすると購入時の利ざやを抜くことが難しくなるため、購入時に利益を得にくくなります。

一方で、仲介する業者が収益不動産に疎い場合、売主がそもそも収益不動産に無知であれば、両者間での売出し条件は相場を無視した金額で売り出される可能性が高くなるため、安く物件を仕込める可能性が上がるのです。

この考え方を踏まえて、続いて売却時の業者についてです。

売却時に売主側が求めるものとしては、1円でも物件を高く売るためにはどんな手段があるかという点ですよね。

これを満たす上で大切なのが、収益不動産に精通している仲介業者に売却を依頼することです。

理由としては、以下の3つが挙げられます。

・収益不動産向けの融資に精通しているので、買い手側の資金調達に精通している
・エリア毎の投資物件目線での利回りにて売却活動をしてくれるので、相場同等もしくは相場以上に売れる期待値が高くなるため
・収益不動産を探している顧客リスクを持っている

これらの収益不動産専門業者の強みをうまく使って、出口戦略で優位性を持って売却活

動をすることができれば、購入した際の金額よりも高い金額で売却を目指すことも狙えるのです。

なので、ぜひ購入する際、売却する際に業者を上手に使い分けることは意識されて、購入&売却の動きは取るようにしましょうね！

出口を見据えて買うことで、リスクを最小化する

過去2冊の書籍の中でも口酸っぱく言っている内容ですが非常に重要なので、再度お伝えをします。

それは購入時に、**将来の売却も見据えて物件の購入をすること**です。

なぜかといえば、1番理想的かつ最強の物件と言うのが、購入した翌日にすぐに転売をしても利益が見込める物件のことを指すため、そういった物件を仕込む目線で常に物件の購入を検討することができれば、売却益が狙える案件を仕込めるチャンスが増えるからで

す。

それでは具体的にどんな方法で出口を見据えて購入を進めていけるか説明をしましょう。

ずばり、購入時に利用する銀行以外の選択肢を常に把握して、次の売却の際に買い手の融資先となる銀行を確保することです。

A銀行でご自身が購入する場合、B銀行やC銀行にも融資打診をかけて、各銀行の融資取り扱いの可否及び具体的な融資条件についてご自身が購入する際にヒアリングをかけます。

その上で**物件取得後に、売却へ向けて動く際にはその売却活動を依頼する先の仲介業者へB銀行&C銀行の具体的な融資条件とセットで営業の売り込みを行うと、営業マンからしても融資が固い案件と見てくれる**ため、営業活動する中での物件の優先順位を高く扱ってくれる傾向があります。そのことで売却活動後に高い反響が期待でき、早期に売却が完了することを目指すことができるのです。

営業マンの立場で考えてみてください。

本当に売れるかどうか不透明な物件よりも、融資が固く、ある程度融資を受けるのに必要な属性条件が明確な案件の方がそこに合致する顧客を見つけるだけで、成約するため、営業マンとして工数をかけることなく営業活動ができるため、むしろ喜んでやりたい案件となるため、売り手側と仲介の営業マン側と両者から見てもＷｉｎ－Ｗｉｎに事を運べる点もプラスになります。

この手法は購入段階でご自身が融資先獲得のために、ある程度工数を投下する必要がある点が大変な部分はあるものの、逆に言えば購入する際に苦労した分、売る際には工数をかけずにラクして売却することができる点が大きなメリットと言えるでしょう。

苦労の先行投資をした分、後で大きな利益を享受しましょうね！

リフォームは最小限で地域最安値の賃料が最強である

基本的に不動産投資での賃料戦略は２通りしかありません。

①室内のリフォームは最小限の実施にとどめて、エリアの相場賃料よりも割安な賃料で貸し出しをすること

②室内の設備面を充実させ、エリア相場よりも割高な金額にて貸し出しをすること

私は過去の賃貸経営で、両方の戦略について実際に取り組みを実行してきました。

そこで行き着いた結論としては、前者である価格を地域最安値で募集をかける方が、新規に賃貸募集開始後の反響がとてもよく、また空室期間を最短で客付することができるという答えに行き着きました。

もちろん、ご自身でリフォームの知識やＤＩＹの技術がある方はそれをうまく付加価値としてご自身の物件に投下をすることで、物件の質を上げることで、それを賃料アップに繋げるのも１つの戦略としてとても賢いです。

ただし、サラリーマンの本業がありながら限られた時間で賃貸経営に取り組む必要がある、サラリーマン大家の方や経営者の方には、私が推奨する〝最低限のリフォームにて地域最安値で賃貸募集をかける〟やり方がおすすめです。

というのも、このやり方こそ労働力を最小化して、最大限のリターンを受けるレバレッジの観点で最も有効な戦略と考えるからです。

賃料の安さで勝負をする分、室内の設備やリフォームに無駄な投資をする必要がなく、むしろ賃貸募集をかける上で最低限の表層のリフォームのみ行うことで、そこまで物件の質にこだわらない入居者層を斡旋することができることから、入居後のクレームなども少ない点が特徴として挙げられます。

また、リフォームに多額の予算を割いても、それを家賃に転嫁して募集をかけても、実際に成約するかは保証がないため、意外に予算倒れするケースも散見されています。

そのため、まずは無駄な予算をかけずに必要最低限の予算で表層のリフォームと設備を設置して、新規の賃貸募集をかけて、最短の期間で空室を埋めてしまう、このスキームを私は読者の不動産投資家の方には推したいと思います。

加えて補足すると必ずしも①の戦略だけを推奨するわけではなく、不動産投資初期段階の予算とノウハウが限られるフェーズでは、この価格戦略を推し進めて、その後一定の規模以上不動産投資の規模が拡大した後には、余裕がある予算と時間を投下して、②のリフォームによる賃料アップ戦略を取り入れることをおすすめします。

鍵となるのは、戦略の取り組む順番です。

この順番を間違えると、不動産投資初期段階で失敗や不安が大きくなり、せっかくスタートを切ることができた、不動産投資を早期にやめたくなってしまうリスクも最悪の場合想定されるので、その観点から言っても、**ぜひ投資初期段階は最低限のリフォームで地域最安値の賃料戦略で勝負しましょうね！**

空室期間を短くして、圧倒的な賃貸力で追加融資を引き出し続けること

金融機関から不動産賃貸業を業として見た場合に嫌がられるのは、「所有不動産の空室の長期化」です。

というのも、不動産賃貸業にとって所有不動産は商品であり、それが常に稼働して売上

を立てている状態が最も望ましいとされるからです。

そのため、空室を長期間ほったらかしにして、新規物件の獲得ばかりに注力していると、在庫商品を単にダブつかせていると見られるため、新規融資の獲得にてマイナスな影響が懸念されます。最悪の場合には、空室を満室化しないと現状では新規融資は難しいと回答をもらってしまうことも考えられます。

また、空室を長期間埋められない＝大家力が弱いと判断をされてしまい、融資のスコアリングにてマイナスな定性評価を受けてしまう懸念があります。

それらを回避するためには、前述の通り、入居ターゲットを決めたら、その彼らに賃貸入居時に訴求できそうな要素は徹底的に潰していき、入居しない要素を取り除くことが有効です。

特に不動産投資初期段階では賃料戦略で、最低限のリフォームで地域最安値にて物件を提供することが1番の有効な手段にはなるため、物件購入後に速やかに表層のリフォーム（※内見の案内時に印象が悪くない程度の最低限のリフォームレベルを指します）を完了させ、1日でも早く新規の賃貸募集をかけることがオススメです。

「在庫は悪」だと自分に鞭を打って、空室を埋めることは大家が取り組むべき1番のタスクだという認識を持って、賃貸募集をしていきましょう！

私の周囲の成果を出しているメガ大家と呼ばれている方々も、例外なく空室対策には躍起になっている方が多く、空室を埋めるためには管理会社と手段を問わないで何でも実行していると話す大家さんも多いです。

それくらい不動産の賃貸経営では、「空室対策」が重要なタスクであると本書を読んだ読者の方は覚えておいてもらい、実際の賃貸募集の場面でも実行しましょうね！

満室経営を続けることが結局のところ、〝連続的な融資の獲得〟には必須と言えるのです。

過去の実績について職歴と数字を盛り込んでアピールすること

金融機関からの新規融資を獲得する上で大切なのが、融資担当者が融資の稟議を通すために、いかに有効な交渉材料を借りて側が提供できるかを常に考えて、実行することです。というのも、銀行側も金利ビジネスで稼いでいるわけですから、優良な借り手にはぜひバンバン融資をしたいのが本音です。

ただ実態が見えない、不確実な融資先に融資をするには懸念があり、また融資後の焦げ付けリスクが怖いために、しっかりと信頼に足る融資先であることを銀行内部の上層部に説得できる必要があるのです。

借り手であるあなたが、その場面で求められるのは、「具体的な数字ベースでの実績と過去の職歴などのアピール」になります。

特に、現在本業で取り組んでいる仕事が不動産賃貸業にリンクしていればいるほど、融資獲得の場面での説得力が上がり、銀行の融資担当者も安心して稟議を作成することが可能になります。

具体的なイメージが持てるように元公務員だった私が、新規融資獲得のためにサラリーマン時代に銀行融資獲得の際にアピールした部分に関して共有をしたいと思います。

〈不動産賃貸業開業の動機〉

公務員として生活保護制度を運用する部署に在籍する中で実務を通じて、生活保護受給をしながら、賃貸物件に居住して生活する人々の生活を垣間見てきた。

その中で、大家として地域の人々が安心して暮らすためには安価で快適な居住空間が生活の基盤としては非常に大切だと知ることができた。

その経験から私自身が大家として、それら生活保護受給者含めた社会的に立場の弱い人々の受け皿となる物件を提供することが、強いては社会貢献につながるとの想いから、不動産賃貸業の開業に至りました。

〈本業を通じて得ることができた知識や経験をどう活かせるか〉

生活保護のケースワーカーとして役所と生活保護受給者、第三者である大家との折衝などを経験することができたので、新規に賃貸募集をする際に生活保護受給者を役所から優先的に入居希望者を送客してもらうための術を活用が可能である。

また、各自治体によって生活保護の基準額が異なるため、それらを購入する物件ごとに事前に熟知をした上で、家賃上限や入居時の一時金の上限を上手に満たす条件にて賃貸募集をかけて、最大限の売り上げ獲得を狙えます。

〈過去の経験の中で不動産賃貸業において活用が可能なスキルがあれば〉

学生時代一貫してサッカー部に所属して、昼夜問わずボールを追いかける毎日を過ごしていた。そのため体力には自信があり、今回新たに取り組む不動産賃貸業においても、未経験なタスクが降って来ても持ち前の体力を活かして、新たに必要な知識や情報の取得を積極的に行うことができます。また学生時代から1日30分以上の読書習慣を継続しているため、不動産賃貸業においても、必要な知識を実務と同時並行で行うことで、インプットからアウトプットまでの出力を最短で行えるように実行していきたい。

これらは一例にすぎませんが、こんな形式でご自身の過去および現在の実績を上手に融資打診時には稟議の素材として積極的に担当者に提供することが大切です。

使える武器や情報が多いほど、融資獲得に有利に働くからです。

忘れずに覚えておいてほしいことが、銀行は融資をしたくて堪らないのです。

ただ融資を出す上では最低限のルールと法則があるため、それをこちら側が理解をして、その基準に沿って、融資を受けられるように交通整理をするのです。

このマインドがあれば、銀行の担当者を決して敵と思うことはなくなり、むしろ融資獲得のための強力なチームメイトであると思うことができます。

そのマインドで融資獲得に奔走することができれば、私の経験上成功する不動産大家になれる確率が劇的に上がると言えそうです。

ぜひ、ご自身の学生時代から社会人にかけての、実績を箇条書きで構わないので一度棚卸しをして使える素材を常に準備しておきましょうね！

それが実際の融資打診時に必ずや有効な武器として使えます。

part6

不動産投資の豆知識

マイホームを住宅ローンで購入するのも不動産投資の一環であるという考え方を持ちましょう。

と言うのも、もちろん購入段階ではご自身が中長期的に居住をする前提で購入するのがマイホームだと思います。

ただ、今の変化が激しい現代では、マイホームといえど終のすみかである保証はなく、転職や移住などライフスタイルの変化によっては、途中で転居することも可能性として大いにありますよね。

そう考えた際に、マイホームで買う家とはいえ万が一、現在賃貸に出した場合、具体的に賃料がどれくらい取ることができるのか、またその賃料ベースで考えた場合に、利回りがどの程度出る物件であるのかの視点を持ち合わせて物件を購入することが大切です。

実需物件を買う場合、どうしても投資物件と比べて、数字基準での判断が甘くなる傾向があるため、それが理由で高値掴みをしないためにも、投資目線での判断をすることが有効です。

マイホームとしての購入とはいえ、同時に投資物件としての目線でも購入判断をすることで、後悔のないマイホームの購入が可能になるのです。

また、投資物件でも再三伝えていますが、新築物件は売主業者の利益が乗せられていることから、マイホームでも私は中古物件を推奨する派です。

中古物件であれば、市場相場よりも割安で物件が出るケースが一定数あるため、投資目線も兼ね備えて購入することができれば、一定期間居住した後に、いざ売却をするとなった際にも売却益を狙える可能性があるからです。

これは投資の鉄則なので、覚えておいてほしいのですが、

「投資目線で物件を購入し、実需目線で物件を売却する」

このやり方で物件の売り買いができれば、1番価格の歪みを突ける可能性が高いため、売り手側からすれば利ざやを獲得できるチャンスが増えるのです。

投資目線は基本的にはシビアな価格目線での仕入れであり、逆に実需目線は自分が居住することから価格面よりも機能や住みやすさを重視して購入するため、双方間の利益が異なるため、歪みが生じやすいのが理由です。

不動産の取引は売主と買主の相対取引のため、いかに双方間で歪みを持って交渉できるかを常に意識して、その歪み分を上手に掴めれば、それが利益として比例して入ってくるので、ぜひこの部分は忘れずに覚えていてくださいね！

6　「不動産投資での最強成功法則」

7 「おわりに」

ここまで不動産投資を中心に資産形成の方法を書いてきましたが、資産形成は人生の1つの手段にすぎません。

そのため、それが目的の人生になってしまうとそれは本末転倒です。各自の目標とするライフスタイルによって、投資すべき対象や予算が変わってくるため、投資手法に正解はないのです。

そのため、書籍の中でも再三お伝えをしましたが、あなたが目指したい

・毎月の手残りキャッシュフロー

・不動産投資によって築きたい資産規模

この2点次第で、リスクを取るべき幅が決まってきます。

闇雲に融資が引けるだけ物件を購入しまくりたいという安易な発想はリスクが伴うため、あまりオススメしません。

私自身も銀行融資でMAX引いても3億円くらいが、今まで不動産賃貸業を営んできて、MAXの借入残高でした。

それは自分の許容ラインを当初からその辺りに定めていたからです。

仮に融資残高がこの水準を突破しそうな場合には、保有物件の中から売却益の狙える物件を積極的に売りに出していました。

そうすることで既存借入残高の調整を図り、精神的な不安を最小化していました。

また取り組むエリアや物件の種類にもよりますが、私の場合には借入額3億円程度で、毎月のキャッシュフローが約120～150万円／月くらい得ることができていたので、無理に借入金を増やさなくていいと思ったのもそれくらいの儲けがあったからです。（※保有不動産のタイミング次第でＣＦには多少のバラつきがあります）

そのため、あなたが意識すべきは何でリスクを取るかです。

立地、築年数、稼働状況、大規模修繕の有無など、各項目のどれを重視するかによって、リスクの許容度が変わってきます。

全ての条件で好条件が揃う物件は10年に1回出るか出ないかのレベルであり、そんな物件の出現を永遠に待って、普段紹介を受ける70点の物件を購入しないことは大きな機会損失なのでやめましょう。

むしろ1日でも早く収益物件を購入して、そこから家賃収入を得ることで、借入れ残債を1円でも減らして実質的な純資産を拡大するのと同時に、不動産賃貸業の実績を積むことで、銀行から見たあなたの属性を上げることに注力することが、初期段階の不動産投資家には特に求められます。

いくらサラリーマン属性が優秀で、学歴が立派の方でも不動産賃貸業の実績がなければ、金融機関から見てあなたの評価を高く見てもらうことは事業の実績がない状況では難しいです。

しっかりと相場価格よりも安く収益不動産を仕入れて、それをしっかりとリフォームし、客付までの時間を最短にして、満室経営を実践できれば、あなたは金融機関から見た際に、貸出をしたい融資先になります。

ぜひ1日でも早く不動産投資でのスタートを切って、銀行向けに無敵な決算書ｏｒ確定申告書を作っていきましょうね！

またもう1つお伝えをしたいのが、不動産投資を進める上で同じアンテナを張った仲間の存在です。

私が28歳でサラリーマンを引退できたのは、間違いなく社外の仲間の存在が大きいです。

万が一、私が会社にしがみついて同僚や同期とだけつるんでいたら、20代で1億円のキャッシュを作り、会社員を辞めるという選択肢を取ることはできなかったと断言ができます。

話を当時に少し戻します。

大学卒業後、都内の某役所へ就職をした私は、大学生時代から決めていた、不動産投資をやるために、平日の夜、週末の時間を使って、不動産業者主催の投資セミナーへ足繁く参加をしていました。ただ20代で年収、自己資金ともに属性面が弱かった私は、セミナー後の面談で、現状ではどの銀行も利用することができず、すぐに不動産投資を始めるのが難しいとの現実に直面し、モチベーションが下がり始めていました。

ただそんな時、とある大家の会にて20代の同年代でサラリーマンをしながら、不動産投資を実際に取り組んでいる仲間に出会い、属性が低くても戦略と行動力次第で、現状の属性でも不動産投資に取り組むことができることを知りました。自分でも取り組むことを知り、勇気が出たのと同時に、同年代のサラリーマン大家が早期のセミリタイアメントへ向けて意識を高くして取り組んでいる姿勢にとても刺激をもらい、一緒に切磋琢磨をして、物件の購入を推し進めることができました。

以上の経験から、仲間は知識や情報の共有はもちろん、一緒に目標へ向かって頑張れる大切な存在だと気づきました。

当時私を含めて同年代の仲間6名でその後、大家の会を立ち上げ、20～30代の若い世代の大家が低属性でも物件を買い増しできるようにサポートもしてきました。

実際にその6名のうち、5名はその後サラリーマンを辞めて現在自分で事業を展開しているので、各メンバーとも切磋琢磨して取り組んだ結果がそれに結びついたと強く思います。

多くの方は、不動産投資を始める頃は、会社員として勤務をしながら、勤務時間外で物件の検索、銀行打診、業者営業、契約など取り組むと思います。

本業の傍ら、継続して取り組むには一人ではなく、周囲の仲間を巻き込んで不動産投資に励むことが成功の近道と言えます。不動産投資関連のイベントやセミナー、オフ会などに参加して、自分と同年代で将来のポジティブな動機を持っている人と繋がることができればより、仕事を辞めるまでにスピード感がアップするでしょう！

なので、実は私が現在主催している不動産投資家向けのサロン「ｋｅｎｚｉｔｓｕ」をご紹介させてください。

こちらのサロンは現在公務員の方を中心に、全国エリアで会員がいる不動産投資家向けのサロンです。

現在アクティブなメンバーで約60名が在籍をしており、毎月の定例イベントで直接会って交流していただくのはもちろん、最新の不動産投資の話で情報交換をし合って、お互いに切磋琢磨できている関係があります。

このサロンを通じて、普段職業は全く別な方同士が同じ不動産投資での成功という共通目標があることで、社外の貴重な仲間として関係を構築しています。

やはり同じ会社ではなく、社外で切磋琢磨できるライバルや仲間の存在はプライスレスであり、私の経験から言っても成果を出す上でとても有効でオススメです。

以下にてサロンのリンクを貼っておきますので、ぜひ活動内容や直近のイベント予定も確認できますので、チェックしてみてくださいね！

▼不動産投資家サロン「ｋｅｎｚｉｔｓｕ」はこちらより
https://kenzitsu.net/kenzitsu/

こちらのサロンイベントでも読者のあなたと直接お会いして、不動産投資関連のお話できること大変楽しみにしています！

ぜひ1人だけの力では到達できない境地に仲間を作って、みんなでゴール目指して取り組みましょうね^^

part7

不動産投資の豆知識

「不動産投資の可能性について」お話しします。

私は不動産投資のおかげで１８０度人生が変わったと言っても過言ではないです。

というのも、不動産投資を始める社会人２年目の当時24歳の私は、都内サラリーマンで言うところの至って平凡な人間でした。

年収４００万円弱で、自己資金も２００万円ほど。

その年収と金融資産ではプライベートも自由にお金を遣う余裕ももちろんなく、いかに生活費を削って、なけなしの貯金を増やすかを常に考える生活を送ってきました。

ただ不動産投資という仕組みについて「金持ち父さん、貧乏父さん」という書籍の読書を通じて知ってから、今のサラリーマンという属性ではなく、自分で事業と資産を持つ人間になりたいとの欲求が出てきました。

そこからは公務員としての就業時間以外の時間は全て、不動産投資に振り分けるために、やらないことを徹底して時間を捻出しました。

具体的な例で言えば、

・テレビは観ない
・漫画は読まない
・無駄な飲み会に参加しない
・ネガティブで過去志向の友人とは付き合わない
・職場の同期で群れない
・ブランド品は買わない
・タクシーには乗らない
・コンビニには行かない

ｅｔｃ…

具体的に以下のことをやらないと決めて、時間とお金を捻出することに注力しました。
また1円でも多く金融機関へ見せられる自己資金を増やすために、以下のことも取り組みをしました。

・食事は自炊で外食をしない
・クレジットカード支払いをしない（※現金支払いにすることで負担感を持たせて、無駄な出費をなくす目的）
・職場へ弁当を持参する（※同僚と外食をせずに済み、1人で食事ができるので15分でランチを終わらせて、残りの昼休みは不動産投資の情報収集、読書、銀行や業者との折衝の時間に充てていました）
・携帯料金は最安プランで

・飛行機移動はＬＣＣで
・長距離移動は高速バスで
・家賃の低い賃貸物件へ引越し
・各種サブスク契約は基本しない（※投資やビジネス関連以外）
・服はユニクロ、ＧＵ、Ｈ＆Ｍなどファストファッションで購入する
・１人旅の時は、ドミトリーやカプセルホテルへ宿泊して宿泊代を浮かす

これらを実際に実践することで20代の限られた給与の中から貯金を増やし、それらを物件購入時の諸経費などに充てて物件の購入を繰り返してきました。

20代の若い時期は特に消費意欲も旺盛で、オシャレをしてデートや飲み会に行きたいとの想いとても共感しますし、私も実際にそうだったのでわかります。

ただ若い時期にこそ我慢をしてやるべきことに集中して一気に成果を出すことで、逆に30代以降にその楽しみを繰り越して、さらに生活に余裕がある前提で楽しめるので、その

点20代はやるべきことに特化するのが経験上とてもオススメです。

また20代に頑張って成果を出した貯金分は、30代以降になってもその差は効果があると思っており、30代以降に努力し始めた人が、20代に努力をして成果を出してきた人たちを逆転するのは個人的に相当難易度が高いと見ています。

だからこそ若くて、成果が出やすく、体力がある20代に努力をする価値があるのです。

これは不動産投資においてももちろん例外ではなく、若い時期は属性が低い反面、それ以降サラリーマン属性（年収、役職など）が上昇していくと銀行はポジティブに評価をしてくれるため、融資条件（※特に融資期間）が伸びることが期待できます。

それをうまく活用しない手はありませんよね。

属性が低いことを言い訳にするのではなく、若い時期こそ不動産投資を早めに取り組んで、スタートを切ってしまうのがオススメです。

不動産投資は特にスタート前の心理的心配が比較的大きな事業かと思います。

だからこそ、早めに自分の属性に応じた予算規模の物件でスタートを切ってしまい、メンタルブロックを外すことがオススメです。

1つ物件を持つだけで実際のお金の流れを知ることができることで、かなり心理的障壁が下がり、2棟目以降の物件へスムーズに移行できることが期待できます。

ぜひ私のサポートを受けていただきながら、間違いのない物件でスタートを切りましょうね！

不動産投資は特に最初の第一歩目がとても大切です。正しい不動産投資の取り組みで、ぜひ資産拡大していきましょう。

最後に

ここまで読んだあなたは不動産投資への心構えはもう十分に備わっているのではないでしょうか？

本書では不動産投資初心者の方が、不動産投資を始める前に悩み、苦労するポイントに関して、テーマをピックアップしてまとめました！

なので、本書を無事に読み終えたあなたは、もう何の心配もなく不動産投資に向けて動き出せるのではないでしょうか！

不動産投資の場合、事前に書籍やセミナーで聞いた内容と実際に運営してみて感じることが異なるので、1日でも早く収益不動産を購入して参入いただき、実績を身につけて欲しく思います。

実際に物件を購入して、賃貸運営をすることで見えてくる世界もあり、お金の流れなどひと通り把握することでリスクの捉え方なども変わってくるので、そこもおすすめのポイントです。

私もそうでしたが、1つ物件を買うことで、いい意味でメンタルブロックが外れ、2つ目以降の物件は取得するスピード感も一気に上がる傾向があります。だからこそ1棟目に物件をいかに早く取得できるかが大切になるのです。

何度も言いますが、あなたが不動産投資で得たいものは何ですか？

またその得た先にどんな人生にしていきたいですか？

この2点を明確にし、不動産投資に取り組む理由が固まることで、行動を加速できるために、私が皆さんの不動産投資のコンサルタントをやらせていただいている背景があります。

不動産投資を通じて、あなたの人生を豊かに選択肢のあるものにしていただけるのが私にとって、一番の理想の形です。

ぜひ本書を読んで、私の投資手法や戦略について興味を持っていただいた方にご案内です。

書籍の購入特典として私との30分間の初回無料面談をお付けします。


私の経験上、人生に一番インパクトを与えるのは「人との出会い」です。

前述でも書きましたが、私が不動産投資で成功できた要因としては、コンサルタントと大谷の会での出会いの大きく2つが挙げられます。

そこで自分が普段接することのできない属性の人と出会えたことで、不動産投資での実績拡大が加速しました。

特にご自身が展開したいと考える分野の先駆者には積極的に会って、その分野の話を聞くのがおすすめです。

今回は特に公務員の方がいかに有効に退職金を活用して、不動産投資を展開するかを中心のトピックスとしてお話をさせていただきましたが、もちろん公務員以外の職業の方もこちらの面談は大歓迎です。あなたが相談したいと思った今のタイミングが1番投資を始めるのに最適な時期ですよ！

「百聞は一見にしかず。」なので、ぜひこの貴重な機会を使い、積極的に私との直接面談にお申し込みいただければと思います！

せっかく私と会いに足を運んでいただいたら後悔はさせません！

あなたが現在不動産投資で悩んでいること、迷っていること、加えてプライベートで全然不動産投資に関係しない事柄であっても構いませんので、ぜひ直接ご相談をください！

▼書籍購入特典の無料面談申し込みはこちらより

https://kenzitsu.com/

ちなみに、この面談では、以下のことをあなたは知ることができます！

・不動産投資で最短最速で資産拡大をする方法
・現在の属性でどの銀行を利用しての物件購入が最適かを知れる
・1棟目を購入するために具体的にやるべき行動が知れる
・5年以内に月100万円以上のキャッシュフローを作りFIREをするための行動指針
・公務員を続けながら、不動産投資で連続的に物件を購入する方法
・一棟収益不動産を購入する際に狙うべきエリアの選定
・売却益が狙える物件の見分け方
・購入物件を3ヶ月以内に満室稼働させる方法
・仕事のできる営業マンの見極め方
・関係業者の紹介（ガス業者、管理業者、工務店、リフォーム業者etc）
・自己資金を貯める方法

・サラリーマンから独立して不動産コンサルティング業で開業する方法

また以下のリンク先より私が過去に購入してきた収益不動産の購入遍歴が見ることができます。

▼私が過去に購入してきた物件遍歴

https://kenzitsu.net/private-propety/

ぜひ今後不動産投資を始める方はぜひ参考にしてみてくださいね！

短期間で一気に資産拡大している先輩大家はどんな物件を実際に買っているのかを見ることは今後、自分がどんな物件を買い増していくのかとリンクする重要な部分なので、ぜひ参考にして欲しいなと思います！

何か新しいことに取り組む場面で、迷っている時間が一番もったいないです。
人生やるかやらないか迷ったら、やる方を選んだ方が私の経験上人生は好転していきます。

面談でぜひあなたの不動産投資のスタートダッシュの糸口を見つけて、一気に不動産投資に向けて動きを加速していきましょう!!

▼書籍購入特典の無料面談申し込みはこちらより

https://kenzitsu.com/

あなたの不動産投資でのスタートダッシュを加速させる、また既に不動産投資をやられている方は、この面談で再度今後の進め方を考えながら、ご自身の目指す不動産投資でのゴールへ向かって一緒に取り組めたら嬉しく思います。

私も公務員時代に不動産投資にがむしゃらに取り組んでいた当時をたまに思い出しますが、その際に1番悩んだ内容が実績のあるコンサルタントからにサポートを受けるかどうかでした。

それまで資格学校や学習塾など資格や試験対策での先行投資は何度もしたことがあったものの、知識や情報への投資の経験がなかった私は、25歳の頃、不動産投資を書籍で学習する中で独学での限界を感じていました。

書籍の内容はインプットの観点では大変参考になるものの、最終の意思決定の場面で不動産投資未経験者の私が数千万円の買い物をする際に決断が果たしてできるものなのかと。

そこで書籍を読み漁る中で、不動産投資のスタート時の属性が非常に近かった著者を見つけて、その方の有料の面談を受けて、実際に相談をする中でこの人とタッグを組めれば、自分の不動産投資活動が加速するなと確証を得ることができたので、結果的にその方の長期間のコンサルティング契約を締結して、そこから3年半で一気に公務員をＦＩＲＥする資産規模まで拡大できた背景があります。

この経験から私が言えるのは、「**先行投資こそ1番の利益を生むものはない**」ということです。

100%利益をもたらすか不透明な状況で、あえて現在自分に足りない知識と情報に投資ができるということは、言葉を変えればご自身の将来の成長に期待して投資ができているとも言えます。自分の可能性に信じて、自分を資産とみなして、その資産にガンガン投資できるかが将来の成功を左右するからです。

そんなスタンスで不動産投資にチャレンジすることができる人は、ほぼ間違いなく不動産投資でも成功が約束されるでしょう。

ぜひ今不動産投資をご自身で独学しているものの、成果を出すことに限界を感じているそこのあなた、ぜひ今回書籍の無料特典である30分の無料面談をご利用いただき、私と面談をして、現在不安に抱えている悩みや問題点をクリアにして、一気に不動産投資の購入を加速させましょう。

私が10年以上現役の不動産投資プレイヤーとして活動する中で培った知識と経験をあなたにも共有して、一気に強力な不動産投資チームを築いて、負けない不動産投資を展開できること楽しみにしております。

元公務員の不動産投資家　船生裕也

船生裕也（ふにゅう　ひろや）
株式会社堅実不動産代表取締役
福島県出身。大学卒業後、7年間都内にて公務員として勤務。
25歳から一棟、戸建を中心に不動産投資をスタート。28歳の頃に最大の家賃収入150万円/月を達成。資産管理法人にて信金、信用組合を中心にプロパー実績あり。20代で累計14案件の売却実績があり、出口を見据えた投資に強みがある。現在までアパート14棟、戸建8棟、区分1室を購入、累計売却益1.2億円を達成。

LINE：https://lin.ee/LZEM56E
X（旧 Twitter）：https://twitter.com/ktm10001
ペライチ：https://kenzitsu.com/

公務員こそ資産を築け！
2024年12月16日　　第1刷発行
著　者——— 船生裕也
発　行——— 日本橋出版
〒103-0023　東京都中央区日本橋本町2-3-15
https://nihonbashi-pub.co.jp/
電話／03-6273-2638
発　売——— 星雲社（共同出版社・流通責任出版社）
〒112-0005　東京都文京区水道1-3-30
電話／03-3868-3275

ISBN 978-4-434-34764-1